서평으로 만나는 감응의 기록
말은 때로 너무 늦게 도착한다

서평으로 만나는 감응의 기록
말은 때로 너무 늦게 도착한다

글항쿨

추천의 글
서평쓰기의 새로운 양식을 찾아서   009

프롤로그
말은 때로 너무 늦게 도착한다 — 감응의 글쓰기로 남기고 싶은 것들   012

서른여섯 번의 감응

1부. 글과 감응 — 읽기와 쓰기, 삶의 흔적을 남기는 방식

서평이라는 이름의 감응 _ 『서평의 언어』   017
정의는 어떻게 시가 되는가 _ 『시적 정의 — 문학적 상상력과 공적인 삶』   022
나는 아직, 날개를 접지 않았다 _ 『내 안의 새는 원하는 곳으로 날아간다』   027
말보다 앞서 나아가는 자의 그림자 _ 『조각난 지혜로 세상을 마주하다』   032
서울에서 멀어질수록, 문학은 가까워진다 _ 『오늘의 문예비평』 2023 겨울호   037
그날의 나를 다시 불러낸 시인의 방 _ 『문학관으로 가는 길에서 시를 읽다』   043

2부. 기억과 감응 — 역사는 침묵을 견디는 힘이다

역사의 바다에서 만난 이름, 이순신_『이순신, 하나가 되어 죽을 힘을 다해 싸웠습니다』 051

우리는 언제부터 '하나의 민족'이었을까_『임진전쟁과 민족의 탄생』 057

대한민국의 정체성을 만든 서사들_『애국의 계보학』 063

난중일기 번역의 새 지평을 열다_『의역 난중일기』 069

역사의 대중화 혹은 대중의 역사화_『공공역사란 무엇인가』 074

역사는 과거가 아니다_『주진오의 한국현재사』 080

3부. 시대와 감응 — 지금, 여기에 사는 우리의 모습

스스로를 의식하고 자랑스러워하는 존재들_『녹색계급의 출현』 087

우리는 지구를 떠나지 않는다 — 슬픔에서 윤리로, 윤리에서 삶으로_『우리는 지구를 떠나지 않는다』 091

인류세에서 죽음을 배운다는 것 — 기억의 시간, 윤리의 감각_『인류세에서 죽음을 배우다』 096

조용한 외상, 말 없는 고통_『괴롭힘은 어떻게 뇌를 망가뜨리는가』 101

우리는 정말 가족인가요?_『가족 각본』 106

진실이 무너진 자리에서, 나는 무엇을 믿는가_『진실 따위는 중요하지 않다』 111

4부. 타자와 감응 — 타자의 고통에 다가서기

장미가 피어 있던 자리_ 『오웰의 장미』 119

꽃비는 어떻게 내 안에 머물렀는가 — 애도의 감응, 그 첫 문장을 위하여_ 『꽃비 내리는 날 다시 만나』 125

슬픔의 윤리, 아무도 미워하지 않는 자의 죽음 앞에서_ 『아무도 미워하지 않는 자의 죽음』 130

눈멂의 감각과 문화, 그리고 세계를 재조명하며 — 거기, 눈을 심는다는 것_ 『거기 눈을 심어라』 135

우연을 끌어안는 자, 아이러니스트_ 『우연성, 아이러니, 연대』 141

그 운명 앞에서, 나의 문해력을 묻는다_ 『그의 운명에 대한 아주 개인적인 생각』 146

5부. 삶과 감응 — 개인의 운명과 시대의 질문 사이에서

바다를 쓴 사람, 사람을 닮은 문학_ 『향파 이주홍 선생의 다양한 편모』 153

미완의 여정, 그러나 타올랐던 존재_ 『고석규 평전』 159

그들이 도착한 곳에, 우리는 말을 건넬 수 있을까_ 『청소년 비평의 세계』 164

돌봄이 진실을 묻다_ 『돌봄이 돌보는 세계』 171

허무와 함께 걷는 법_ 『인생의 허무를 어떻게 할 것인가』 178

혼자라는 방식으로, 함께 늙어가는 일_ 『에이징 솔로 : 혼자를 선택한 사람들은 어떻게 나이 드는가』 184

6부. 사유와 감응 — 감응의 사유를 향한 여정

얼굴을 되찾는 저항_ 『저항할 권리 — 우리는 어디쯤에 있는가』	193
리터러시는 살아 있다_ 『유튜브는 책을 집어삼킬 것인가』	199
읽는 뇌와 인간됨의 마지막 보루에 대하여_ 『다시, 책으로』	204
잊힌 감정의 정치, 정순철이라는 이름을 다시 부르며_ 『어린이를 노래하다』	210
우리는 왜 다시 바다를 생각해야 하는가_ 『해양인문학』	215
절실한 고독, 완전한 사랑 — 이어령의 마지막 문장_ 『지성에서 영성으로』	221

에필로그
응답 이후, 또 다른 문장을 향하여   229

비평과 감응 사이 — 실천적 글쓰기를 위한 제언   231

구름의 말 1,2,3 Word of a Cloud 1,2,3
구리, 칠보, 에폭시, 정은 copper, enameling, epoxy, sterling silver, 63×58×15 mm, 2008
24k 금, 칠보, 에폭시, 정은 24k gold, enameling, epoxy, sterling silver, 40×90×10 mm, 2008
구리, 칠보, 에폭시, 정은 copper, enameling, epoxy, sterling silver, 65×60×15 mm, 2008

추천의 글

서평쓰기의 새로운 양식을 찾아서

　책을 읽고 그 책에 대해 쓰는 글이 여러 종류가 있다. 가장 일반적인 글쓰기가 서평과 독서 감상문이다. 서평은 말 그대로 책이 지닌 내용을 그 책을 읽지 않은 독자들에게 건네는 글쓰기이다. 책의 내용을 가능한 한 핵심적이고 간명하게 소개하는 글이다. 그래서 현실적으로 서평이 가장 필요한 곳은 책을 펴내는 출판사이다. 그런데 출판사가 쏟아내는 서평들은 책을 소개하기 위한 목적이 우선이기에 책 광고라는 성격을 완전히 벗어나기 힘들다. 그 책이 지닌 성격과 특징을 부각시켜야 하기에 책이 지니는 강점과 특징은 어느 정도 드러나지만, 그 책이 놓치고 있는 부분이나 문제점에 대한 비평적 시각은 크게 강조되지 않는다. 이런 점에서 출판사들이 내보내는 서평을, 서평이 지향해야 할 온당한 방향으로 볼 것이냐 하는 점에서는 과제가 남는다. 뿐만 아니라 이런 형태의 서평은 책 내용에 대한 객관적인 정리가 중심이기에 책읽는 사람의 주관이 개입될 소지는 많이 줄어든다.

이는 달리 말하면 서평이 지녀야 할 가치평가가 배제되는 경우가 많다는 것이다. 서평은 말 그대로 그 책에 대한 온당한 평가가 주어져야 하는데 이에 미치지 못하는 경우가 많다.

이에 비해 독서 감상문은 책 내용에 대한 객관적 사실의 정리도 중요하지만, 책 내용에서 느끼고 생각하는 바의 주관적 감정이 개입하는 글쓰기이다. 서평과 독서 감상문은 읽고 난 후 쓴다는 측면에서는 동일하지만 가치적 측면에서는 차이가 있다. 서평은 대상에 대한 적극적인 가치인식 활동이 중심이 되지만 독서감상문은 감상자의 내적 경험을 바탕으로 한다. 일반적으로 서평이 체계화되고 타당한 평가 기준에 근거하여 책의 내용을 판단한다면 독서 감상문은 개인적이고 인상적인 느낌이 강하다. 예컨대 서평이 비평적 논리성을 추구한다면 독서 감상문은 감성적 공감력을 지향한다고 할 수 있다.

그런데 책을 두고 쓰는 이 두 양식의 글쓰기를 넘어서는 새로운 글쓰기는 불가능할까 하는 문제가 제기될 수 있다. 기존의 서평들은 출판사들의 홍보용 서평에 짓눌려서 홍보용 글쓰기로 전락해 있고, 비평적 안목이 분명한 서평쓰기는 책 내용의 객관적 전달을 위한 논리성에 너무 함몰됨으로써 일반 독자들의 공감력을 확대시켜나가는 데 한계를 보여주고 있기 때문이다. 어떤 종류의 책이라도 한 편의 서평을 통해 감성적 공감과 함께 책의 정보를 정확하게 만날 수 있다면 이는 우리 사회의 독서 문화 진흥과 함께 사유의 토대를 윤택하게 하는 데에 매우 도움이 될 것이다. 이런 서평의 단초를 〈서평으로 만나는 감응의 글쓰기〉에서 엿보게 되었다. 단순히 책의 내용을 소개하고 장·단점을 비평하는 기성의 서평을 넘어 독자들이 감응할 수 있는 글쓰기로 나아가게 한다는 점에서 이 책은 기존의 서평을 넘어선다.

그리고 그 동안 묻혀 있었던 다양한 감응의 논리를 자기화해서 이를 이론으로 끝내지 않고 실천적으로 보여주고 있다는 점에서 그 의의를 더하고 있다. 이렇듯 감응의 글쓰기는 자신을 위한 글쓰기로서의 독서 감상문과 타자를 지향하는 서평이 지닌 논리성을 동시에 넘어설 수 있는 '감성적 논리'를 지닌 글쓰기로 나아갈 수 있는 가능성을 지니고 있다. 그 가능성을 이 책에 실린 36편의 서평을 통해 만날 수 있다는 것은 독자가 누리는 또다른 책읽기의 즐거움일 것이다. 우리 시대 서평 쓰기의 새로운 지평을 열어나가고자 시도한 이 책을 통해 의미있는 글쓰기 활동들이 널리 확산되길 기대해 본다.

— 남 송 우

프롤로그

말은 때로 너무 늦게 도착한다
— 감응의 글쓰기로 남기고 싶은 것들

무너진 자리, 사라진 사람들, 돌아오지 않는 풍경 앞에서 말은
늘 한 박자 늦게 숨을 헐떡이며 나타난다.
그리고 우리는 늦게 도착한 그 말 앞에서 조용히 고개를 숙인다.
마음이 먼저 울고 있었음을, 그제야 깨닫는다.
나는 오래도록 말해지지 못한 이야기들, 기억 속에서조차 지워진 존재들을
다시 쓰고 싶었다.

『감응의 글쓰기』는 사유의 깊이보다는 진동의 결에서 시작된 글들이다.
하나의 책에서, 한 줄의 시에서, 혹은 사라진 사람의 목소리에서
나는 나의 감정을 감지했고, 그 감정은 곧 그것들에 대한 응답이었다.

이 책은

잊힌 인물들과 사라진 장소들,

침묵의 역사와 외면된 감정들,

곁에 있었지만 보지 못했던

작은 진실들을 향한 감응의 기록이다.

'읽는 행위'는 단지 해석이 아니라 나와 무관했던 것들에 대해 응답하는 일일 것이다.

그 응답이 정직하고 조심스럽고 깊을수록

글은 누군가의 삶을 어루만질 수 있다고 믿는다.

그래서 나는 이 글들을 '감응의 비평'이라 부르고 싶었다.

이 책에 담긴 서른여섯편의 글들은 모두가 한 권의 책과의 만남에서 시작된 응답이다.

나는 이 글들에서 비평과 에세이, 감정과 윤리, 기억과 정치 사이의

또 다른 경로를 탐색해보려 했다.

사실, 우리가 잃어버린 것은 지식이 아닌 감각, 논리가 아닌 기억일지 모른다.

이 책은,

내가 지금 이 자리에서 할 수 있는 최선의 응답이다.

잊힌 이들에게 보내는 애도의 문장이었고,

곁에 있는 이들을 부르는 따뜻한 음성이었으며,

아직 말해지지 않은 감정들을 위해 열어두었던 모두의 자리이다.

언젠가 나도 이 모든 문장을 다 놓아두고 조용히 사라질 것이다.
그러나 나의 문장이
누군가의 삶에 단 한 번이라도 진심으로 닿을 수 있기를,
당신의 감응으로 이 책의 마지막 문장을 완성해주기를.

― 2025년 6월, 이진서

1부. 글과 감응
— 읽기와 쓰기, 삶의 흔적을 남기는 방식

첫 번째 감응

서평이라는 이름의 감응

메리케이 윌머스(송섬별 옮김), 『서평의 언어』

타인의 세계에 응답하는 글쓰기

서평이란 무엇일까.

나는 이 질문 앞에서 오래토록 주춤거렸다. 책을 읽고, 다시 쓰는 글.

요약도, 판단도, 찬사도 아닌 글쓰기.

아주 틀린 얘긴 아니다.

그러나 서평을 설명하기엔 웬지 부족해 보인다.

서평은 타인의 세계에 한 발 다가서되, 자신의 언어로 응답하는 것.

그것이야말로 내가 '서평'이라 부르고 싶었던 글쓰기의 방식이다.

『서평의 언어』를 읽으면서,
나는 내내 누군가에게 말을 걸고 또 누군가의 응답을 받는 듯한 기분이 들었다.
저자 메리케이 윌머스는 40여 년간 《런던 리뷰 오브 북스》를 이끌었던 뛰어난 서평가였다. 그녀는 수많은 책들과 저자들에게 말을 걸고, 또 자신의 삶과 감각으로 그 말에 응답했다.
그녀의 책은 그 응답들의 집합이다.
하나의 사유가 또 다른 사유를 일으키고,
하나의 문장이 또 다른 문장을 촉발하는, 일종의 지적 감응의 연대기이다.

읽기와 쓰기의 감응 윤리

나는 이 책을 읽으며 내내 되물었다.
서평은 무엇의 언어여야 하는가.
단지 책을 소개하거나 평가하는 언어인가.
아니면 읽기 전과 읽은 후의, 내가 다른 존재가 되어 있음을 확인하는 의례적 언어인가.

메리케이 윌머스는 말한다.
"읽는다는 것, 그것은 결국 세계를 정확하게 이해하기 위한 가장 인간적인 방식이다."
정확히 읽는다는 것. 그것은 단순히 저자의 뜻을 파악하는 기술이 아니라
자신이 감지한 정동을 놓치지 않는 감응의 자세다.

읽기는 타자의 삶에 한 걸음 다가서는 일이며,
쓰기는 그 감응에 자기의 온도를 얹는 일이다.

서평은 창작이다

그래서 나는 서평을 창작이라 부른다.
서평이란 문장 하나를 들여다보면서도 내 안의 시간을 꺼내오는 글쓰기다.
어떤 책은 나를 울게 하고, 어떤 책은 나를 분노하게 만들며,
어떤 책은 오랜 상처에 이름을 붙이게 한다.
그러니 그 모든 반응은 감정의 회로를 통해 다시 쓰이는 삶의 조각들이지 않겠는가.

나는 그것을 감응의 글쓰기라 부른다.

『서평의 언어』는,
내가 막연히 감지해온 감응적 글쓰기의 힘을 뚜렷이 증명해 주었다.
글쓰기가 곧 '그 사람'이고,
그 사람의 치열함이 글을 치열하게 만든다는 진실을
나는 이 책을 통해 새삼 확인했다.

감응을 통해 서로의 세계를 어루만지는 글

지금은 말 그대로 글쓰기의 시대다.
매년 수만 권의 책이 출간되고, 모두가 자신의 서사를 펼친다.
그러나 나는 종종 이 시대의 책들이 더 많은 감응을 불러오고 있는가에 대해서는 회의적이다.
우리는 얼마나 서로에게 응답하고 있는가.
우리는 얼마나 타인의 말 앞에서 고개를 숙이고, 그 문장에 마음을 주는가.

서평은, 질문에 답하려는 형식이다.
자기 중심의 서사를 넘어 타인의 생각에 다가가고
그 틈에서 새로운 진실을 끌어올리는 창작의 행위.
그것이 진정한 의미에서의 서평이자 감응의 글쓰기다.

『서평의 언어』 속 메리케이 윌머스는
서평가를 "작가를 넘어서는 창작자이며, 시대를 비추는 감식자"로 정의한다.
그 말이 내게는 큰 위로가 되었다.
때때로 나는 서평이 문학보다 '못난' 장르라는 편견에 주눅들기도 했으니까.
이 책은 내게 말한다.
서평은 타인을 읽고, 시대를 감지하고, 삶을 다시 쓰는 가장 감각적인 창작이라고.

나는 이제 더 이상 서'평'을 평가의 시선으로만 보지 않는다.
서평은 언어를 통해 감응하는 기술이며,
감정과 기억을 주고받는 윤리이다.
그 감응을 통해 우리는 서로의 고통을 짐작하고,
서로의 세계를 어루만질 수 있다.
그것이 가능한 글이 서평이다.
나는 그런 글을 쓰고 싶었다.

두 번째 감응

정의는 어떻게 시가 되는가

마사 누스바움(박용준 옮김), 『시적 정의 — 문학적 상상력과 공적인 삶』

고통에서 시작되는 정의正義

작가 한강은 말했다.

"고통이, 아픔이 우리 가운데 이토록 가득한데 어쩌면 또 세상은 이토록 아름다운가."

나는 이 문장을 떠올리며 누스바움의 『시적 정의』를 읽었다.

고통의 정면에서 아름다움을 말하는 이 문장은 고통을 감각하는 이에게만 허락된 언어다.

그리고 누스바움은 바로 그 지점에서 시작한다.

고통의 정면에 멈춰 서는 능력, 그 능력이 인간을 정의롭게 만든다고.

이 책은 정치철학서이기보다 감응의 에세이다.

누스바움은 '문학'이라는 언어를 빌려 정치적 합리성의 윤리적 조건을 묻는다.

감정없는 판단은 정의롭지 않다.

저자는 말한다.
"정의는 문학적 상상력을 필요로 한다. 문학은 민주주의의 심장이다."
이 문장을 곱씹을수록 나는 '정치적 판단'이라는 말 속에
우리가 얼마나 많은 감정을 지워왔는지를 떠올렸다.
이성, 합리, 사실… 그 모든 이름 아래 우리는 타인의 고통을 삭제해왔다.
하지만 누스바움은 거꾸로 말한다.
"감정이 배제된 판단은 정의롭지 않다. 감정은 이성의 방해물이 아니라 그 전제다."

이 책의 가장 인상적인 장면 중 하나.
법정의 판결문은 가장 '문학적'일 때 가장 '정의롭다'는 저자의 주장이다.
나는 책을 읽는 내내 이 말을 붙들고 있었다.
우리는 법은 차가워야 한다고 배워왔다.
감정은 치우친 것이며, 법정은 언제나 중립이어야 한다고.
하지만 누스바움은 묻는다.
"타인의 고통 앞에서 아무것도 느끼지 않는 이가 과연 정의로운가?"

그녀는 '분별 있는 관찰자'라는 개념을 제시한다.
이것은 공적 판단을 내리는 이가 가져야 할 감응의 태도다.
감정에 휩쓸리되 감정에 갇히지 않고, 타인의 고통에 이입하되 자신을 투사하지 않는 자

세. 나는 그것을 '거리 있는 공감'이라 부르고 싶다.
너를 위해 눈물을 흘리되 그 눈물로 너를 삼켜버리지 않는 태도.
이것은 타인의 고통을 정서적으로 감지하고 정치적으로 책임지려는 감응의 윤리다.
누스바움은 말한다.
그 감응의 윤리는 문학작품을 통해 길러질 수 있다.

문학이 정의를 가능하게 한다

문학은 우리가 '직접' 겪지 않은 고통을 '간접'적으로 느끼게 한다.
우리는 문학을 통해 작품 속 인물에게 마음을 내주며 그들의 입장이 되어본다.
그러나 우리는 끝내 작품 속의 '그'가 되지 못한다.
이 때의 간극, 즉 이해하려 하지만 완전히 같아질 수 없는 거리.
그것은 종종 우리에게 정신적 성숙과 윤리적 성찰을 요구한다.

'좋은' 문학작품은 독자를 혼란스럽게 만든다.
불편한 감정, 낯선 가치, 흔들리는 믿음…
독자는 작품 속 세계와 자신의 신념 사이에서 갈등한다.
바로 이 순간, 요동치는 문학적 감정은 합리적 판단의 뼈대를 만들어낸다.

『시적 정의』라는 제목은 말 그대로 정의를 '시처럼' 사유하자는 제안이다.

저자 누스바움에게 '시'는 수사적 장식이 아니라 삶을 감각하는 방식이다.
그녀는 문학의 언어를 법과 정치의 언어에 스며들게 한다.
정의란 고통을 상상할 수 있는 능력이고,
그 상상이 이성적 결정을 지탱하는 윤리적 기초라는 것이다.

우리는 얼마나 정의로웠는가

나는 이 책을 읽으며 여러 판결문을 떠올렸다.
그리고 법정이라는 공간에서조차 정의란 얼마나 자주 권력의 언어가 되었는지를 생각했다.
우리는 너무 자주 '합리성'이라는 이름으로 고통을 무시했고,
'공정성'이라는 구실로 감정을 억눌렀다.
그리하여 정의는 숫자와 논리로 환원되었고, 그 자리에 더 이상 인간은 없었다.

누스바움은 그런 정의의 빈자리에 문학적 상상력을 채운다.
그녀의 주장은 낭만적이거나 감상적이지 않다.
오히려 가장 치열한 정치철학의 자리에 감정을 밀어넣는다.
정의는 말할 수 없는 고통에 다가가고자 하는 언어이며,
그 고통을 끝내 지우지 않고 껴안는 판단의 태도다.

이 책은 '정치'라는 단어 앞에서 움츠러드는 나를 다시 돌아보게 했다.

나는 얼마나 타인의 고통을 이해하려 애썼는가.

나는 얼마나 타인의 위치에서 나를 옮겨보려 했는가.

나는 그동안 정의를 말하면서도 '제대로' 정의로웠던 적이 있었는가.

『시적 정의』는 내게 조용히 말한다.

"문학을 읽으라. 너의 고통을 넘어 타인의 고통에 감응하라.

그리고 그 감응을 정치의 언어로 다시 써라."

세 번째 감응

나는 아직, 날개를 접지 않았다

사라 룬드베리(이유진 옮김), 『내 안의 새는 원하는 곳으로 날아간다』

말語보다 먼저 울었던 문장

이 책의 한 문장이 나를 멈춰 세웠다.
"내 안의 새는 날개를 펴고 원하는 곳으로 날아가리라."

베타 한손이라는 이름도, 스웨덴의 농촌도, 파리행 기차도 나와는 먼 얘기였다.
책장을 덮을 즈음, 그 아이가 나였고 내가 그 아이였던 날들이 떠올랐다.

이 책은 저자 사라 룬드베리가 그려낸 한 여자아이의 삶이다.
아니, 단지 '한 여자아이'가 아니다.

꿈을 꿀 수 없었던 시대에 꿈꾸는 법을 잊지 않았던 모든 여자들의 이야기다.
진흙으로 새를 빚고, 슬픔을 숨긴 채 웃어야 했던,
자신의 소망은 세상 어디에도 존재하지 않는 것처럼 살아야했던 여자들의 이야기.
베타의 세계, 내 유년의 세계였다.

나의 유년에도 '진흙으로 만든 새'가 있었다

나에게도 '베타의 진흙'은 있었다.
아픈 몸을 홀로 추슬러야 했던 그 때,
외로움이라는 단어조차 몰랐던 어린 날의 공허 속에서
나는 책 속으로 아픈 몸을 구겨넣곤 했었다.
그림형제의 동화들, 백설공주와 라푼젤, 헨젤과 그레텔…
나에게도 '왕자'가 와줄까.
언젠가 왕자가 와서 나를 이 감옥같은 일상에서 구츨해줄거라 믿지않을 이유는 없었다.
하지만 시간이 그리 오래 걸리진 않았다.
그 '왕자'는 오지 않는다는 것을, 우리 세상에 '왕자'는 없다는 것을,
나를 구할 수 있는 이는 오직 나 자신뿐이라는 것을
알게 되기엔.

베타가 쏟아낸 100년 전의 절규.

"죽을 것만 같아요. 여기 있으면요."

그 목소리는 긴 시간을 건너 내 가슴에도 꽂혔다.

"여기 있으면, 나도 죽을 것 같아."

그렇게 외쳤던 적이 내게도 있었다.

그날의 소녀가 지금의 내가 되기까지

나는 묻지 않을 수 없었다.

지금, 우리는 얼마나 멀리 왔는가?

여성이, 꿈을 꾼다는 이유로 침묵해야 했던 시대에서 우리는 얼마나 자유로워졌는가?

내가 살아온 세월만큼 세상은 바뀌었지만

여성의 삶은 여전히 사랑과 가족이라는 이름으로만 호명되기를 강요받는다.

페미니즘이라는 단어는 여전히 '부담스러운 것', '논쟁적인 것'으로 분류된다.

나 역시 어느 순간, 조심스레 입을 다물게 되었다.

그렇지만 이 책을 덮으며 나는 다시 이렇게 속삭였다.

"그래도 나는, 아직 날개를 접지 않았어."

우리가 바람막이였던 그들에게

한 드라마에서 아버지가 딸에게 말했다.
"애비의 삶은 맨 앞에서 온몸으로 바람을 맞는 바람막이 같은 삶이었다."
그 말에 나는 잠시 눈시울이 뜨거워졌다.
나의 아버지 역시 바람을 맞고, 바람을 막으면서 살아왔으리라.
하지만 이제는 우리가 그 바람을 뚫고 날아가야 한다.
각자의 날개를 힘껏 펼쳐야 한다.

이 책은 '선언'이다 — 내 안의 새를 깨우는 일

『내 안의 새는 원하는 곳으로 날아간다』는
기억의 책이고,
감정의 책이며,
살아남은 이들을 위한 선언의 책이다.

여성이라는 존재가 사회 속에서 어떤 상처를 입었고,
어떤 방식으로 침묵을 강요당했고,
그 침묵의 결을 가로지르며 어떤 꿈을 품었는지를
시보다 더 강렬한 이미지로 펼쳐 보인다.

마지막 페이지에 실린 여성학자 정희진의 말은
이 책의 모든 울림을 정리해 준다.
"여성이 의미 있는 삶을 꿈꾸고 실현하려면 두 가지가 필요합니다.
하나는 세상의 아픔을 온전히 느낄 수 있는 능력,
그리고 그것을 껴안는 노력."

내 안의 새는 아직 날고 싶어 한다.
내 안의 새는 아직 내가 나아가야 할 방향을 알고 있다.
바람은 여전히 차고 세상은 여전히 허허벌판이지만
나는 이 책을 품고 다시, 내 안의 새를 깨운다.

네 번째 감응

말보다 앞서 나아가는 자의 그림자

김영민, 『조각난 지혜로 세상을 마주하다』

조각난 세계에서 공부한다는 것

공부란, 인간이 감당해야 할 운명의 다른 이름이다.
이 책을 읽은 후 나는 그렇게 믿게 되었다.
이 책은 '완전함'이 불가능한 세상 속에서
'파편'으로라도 살아내고자 하는 자들의 안간힘에 관한 기록이다.

철학자 김영민은 말한다.
"공부하면서 얻는 지도는 찢겨 있고, 나침반은 부실하다. 그러나 자득의 길은 그럼에도 불구하고 앞선 자의 책임이며, 뒤따르는 자의 운명이다."

이 말이 어떤 이유로 그때의 나를, 지금의 나를 꿰뚫었는지, 나는 잘 알지 못한다.
나는 왜 여태껏 내가 쥔 부실한 나침반만 믿고 여기까지 왔을까.
그러면서 쉼없이 방향을 묻고 길을 가늠해오지 않았던가.
'지금 여기'에서의 무력감을 넘어서기 위한 자구책이었을까.

온갖 가짜 뉴스, 얄팍한 명문주의, 사대에 찌든 정신, 그리고 권력의 뻔뻔함까지.
이런 세상 속에서 내가 할 수 있는 일이란 그저 공부 밖에 없던 시절이 있었다.
내게 공부란 세상에 뒤엎이지 않기 위해 스스로에게 묻는 행위였고,
파편화된 지식들 사이에서 나만의 윤리와 감각을 모으는 일이었다.

식민의 유산을 살아내는 일

이 책은 단지 공부에 대한 찬가만은 아니다.
그것은 우리가 '어디에서부터 길을 잃었는가'에 대한 참담한 성찰이다.
'조각난 지혜'는 인식론적 한계 뿐만 아니라
식민의 유산, 문화적 단절까지도 증거하는 것이다.

나는 이 책을 읽으며 다시금 '내부로부터의 극일(克日)'이라는 말을 떠올렸다.
일본과 우리의 차이는 정치 체제나 경제 시스템의 차원이 아니다.
우리는 전통을 박멸함으로써 근대를 얻었고,

그들은 전통을 전유하며 근대를 세웠다.

그들의 '청결함'과 '침묵의 미학'은 우리에겐 부재한 것이 아니라 삭제된 것이다.

그 자리를 대신한 것은 근대의 모방이었고, 철학의 외주화였으며, 자존의 상실이었다.

우리는 일본의 '귀족적 주관주의'를 혐오하면서도

그들이 이루어낸 '내면적 질서'를 내심 부러워한다.

그 모순된 감정, 그것이 우리가 여전히 식민의 그림자 속에서 사유하고 있다는 증거다.

그림자 아래선 공부마저 자주 얕아진다.

'말'은 넘쳐나지만 삶으로 체화된 앎은 드물다.

법고창신, 우리에게 닫힌 길

이 책에서 가장 날카로운 통찰은 이것이었다.

"우리 인문학은 꽤 긴 세월을 외부에서 베껴온 이미지와 후렴구의 확대재생산에 만족했다."

우리는 '법고창신'을 이야기하면서도

고(古)를 법(法)하는 데 실패했고,

창신(創新)은 커녕 끊임없는 패러디에 머물러왔다.

무너진 풍경 속, 저자는 밀양강과 가모가와강을 나란히 놓는다.

밀양의 강은 썩었고, 난삽한 현수막마저 생태를 무너트린다.

반면 교토의 가모가와는 조용하고, 어둡고, 깨끗하다.

저들은 물빛 하나에도 시대의 윤리가 배어 있다.

물빛을 보고도 철학을 생각하는 감각.

이것이 저자가 생각하는 공부의 방식이다.

그것이 바로 조각난 지혜가 발휘할 수 있는 윤리적 상상력이다.

공부는 자존의 회복이다

저자 김영민은 말한다.

"자신의 삶을 양식으로 구축해가는 것, 그것이 학인의 운명이다."

이 말은 단지 철학자의 자기 정당화가 아니다.

학인이란 누구인가.

지식의 소비자가 아니라 파편의 진실을 꿰는 자이며,

단절의 역사를 이어 붙이는 자다.

공부란 조각난 나를 복원하는 일이며,

말보다 먼저 나아가는 존재의 윤리다.

그래서 나는, 오늘도 공부한다

이 책은 내가 왜 계속 읽고, 쓰고, 공부해야 하는지를 다시 묻게 한다.
말이 너무 많은 시대일수록 말보다 빠른 감각이 필요하다.
그 감각은 '조명'보다 '어둠'에 더 민감하고
'현수막'보다 '물빛'에 더 예민하다.

나는 이제 알아버렸다.
내 삶이 여전히 '조각난 지혜'로만 덕지덕지 기워져 있음을.
오늘도 나는 조각을 맞추듯 읽고, 깊이를 헤아리듯 쓰고,
'소문'보다 오래된 '말'을 새기듯 공부한다.

이 책은 말한다.
"우리는 여전히 우리를 모르며, 그래서 더 공부해야 한다."
그리고 나는,
조용히 그 말에 고개를 끄덕인다.

다섯 번째 감응

서울에서 멀어질수록, 문학은 가까워진다

『오늘의 문예비평』 2023 겨울호

'지금'은 서울에 살지 않는 내가

종종 서울을 찾아 모처에서 글을 쓰곤 했던 이유는,

일이고, 생계이고, 가끔씩 내가 누리는 호사였기 때문이지만

그러나,

나를 설명하는 데 '서울'은 단 한 줄도 필요치 않았다.

수도권이라는 기준이 지역의 자격을 정하는 시대.

나는 이 사회가 묻지도 따지지도 않는

지역감수성을 수치화하는 법을 상상하곤 했다.

『오늘의 문예비평』이 내게 다시 말을 걸어왔을 때가 그 즈음이다.

지역, 소멸이 아니라 말 걸기의 시작

『오늘의 문예비평』
지역에서 나고 자란 문학비평지,
서른 해를 버텨낸 지면에서 들려온 말들은 비명도 아니고 선언도 아니었다.

그것은 조용한 되묻기였다.
"우리는 정말 서울 없이도 말할 수 있는가?"
"우리는 지금, 어느 쪽을 바라보며 살아가는가?"

『오늘의 문예비평』 2023 겨울호에선
'지역의 가치와 실천, 그리고 문학'이라는 주제를 담았다.
발행인이자 비평가인 남송우는
문학과 비평, 나아가 지역의 현실에 대해 '경고'했다.

나는 이 경고가 희망의 예비음처럼 들렸다.
지역은 사라지는 게 아니라 사라지도록 방치된 것에 불과하다는,
나는 스스로 '소멸'이라는 말을 '감각'이라는 말로 교체했다.

서울중심주의는 제2의 분단이다

『오늘의 문예비평』은 내게 이렇게 묻는 듯했다.
"우리는 서울중심주의를 진짜 구조악으로 인식하고 있는가?"
정곡을 찔린 기분이었다.
우리는 '서울을 향한 욕망'을 내면화한 공범들인지도 모른다.
서울이 억압하는 것이 아니라
서울을 동경하는 마음이 억압을 정당화하고 있다는 것을 숨기기 어려웠다.
서울중심주의는 '억압'이 아니라 '욕망'의 형태로 우리 안에 들어와 있다.
"서울이 부럽지 않은 삶",
이것만이 온전히 서울중심주의를 깨는 유일한 감각이다.

비평은 언어의 연대다

지금은 모두가 '말하고 쓰는' 시대다.
모두가 작가이고 모두가 서사를 가진다.
그렇다면 비평은 왜 여전히 필요한가?
나의 이 물음에 대해 『오늘의 문예비평』의 대답은 이러했다.
"해석되지 않은 자기 이야기는 언어가 되지 못한다."

우리 시대 글쓰기는 민주주의의 또 다른 이름이 되었다.
여성, 장애인, 성소수자, 지역민,
이들은 글을 통해 자기 삶을 증명해내고 있다.
하지만 글이 넘칠수록 그 안의 감정과 진실은 자주 '해석되지 않은 채' 흘러간다.

비평은 바로 그 자리에 서야한다.
모든 것이 '효용'만을 따질 때,
'이 말은 왜 이토록 간절했는가?'라고 묻는,
마지막 존재가 비평이 되어야 한다.

나는 믿고 있다.
비평은 누군가의 말에 맥락을 부여하고,
그 말이 다시 다른 이에게 닿게 만드는 감응의 기술이라고.

지역에서의 '말', 그리고 다시 쓰는 '삶'

나는 귀향자다.
서울에서 자발적으로 내려왔고,
지금도 가끔은 이 곳에서의 삶이 서울보다 불편하다.
그러나 그 불편은 곧 자기 감각을 되찾는 일이기도 하다.

아수라장 같던 서울에서,
나는 익명의 존재였다.
그러나 내가 딛고 서있는 이 곳에선
나의 문장이 누군가에겐 '기억'이 된다.
기쁘고 반갑다.

이것이 어쩌면 비평의 쓸모일지도 모르겠다.
단지 문학을 말하는 것이 아닌,
문학을 말할 수 있는 감각 자체를 각자 딛고 서있는 땅 위에서 복원하는 일.

『오늘의 문예비평』은 나에게,
"너의 언어는 충분히 사회적이다"라고 말해주는 몇 안 되는 비평지다.
그것이 '말하는 이'의 윤리라고 나는 믿고 있다.

'서울'을 말하지 않고도 완성되는 문장

나는 이제 알고 있다.
서울을 말하지 않고도 완성되는 문장,
그것이 진짜 지역의 문장이라는 것을.
그리고 그런 문장이 하나 둘 모일 때,

우리는 '지역 소멸'이라는 비명 대신
'지역 감응'이라는 서사를 말할 수 있을 것이다.

『오늘의 문예비평』이 서른 해 넘게 버틴 이유는
그 문장을 꾸준히 감지하고 응답해온 존재들이
서울이 아닌 곳에도 있었기 때문이다.
나는 그들에게 감응한다.

여섯 번째 감응

그날의 나를 다시 불러낸 시인의 방

하상일, 『문학관으로 가는 길에서 시를 읽다』를 따라 걷다

책장을 넘기다가 문득 멈췄다.
기형도의 시 한 구절 앞에서.
'누구나 조금씩은 안개의 주식을 갖고 있다'는 말이,
이상하게 나를 찌른다.

장소는 시가 된다

비평가 하상일은 말한다.
"시인에게 있어 장소는 그들의 시와 삶을 이해하는 가장 중요한 이미를 지닌다."

그 말이 맞다면, 문학관은 단순한 전시장이 아니라
시인이 살았던 바람, 걸었던 흙, 내다보던 창의 시선까지도 머물던 감각의 지도일 것이다.

나는 이 책을 읽으며 '문학관'이라는 단어가 처음으로 따뜻하게 다가왔다.
죽은 시인의 육신이 아닌,
그들이 '살았던 장소들'이 시를 다시 숨 쉬게 만든다는 것.
문학은 박제된 텍스트가 아니라 '걸어 들어가는 말'이라는 사실을,
이 책은 장소를 통해 증명하고 있었다.

한 사람의 시는 어떻게 만들어지는가

내가 가장 오래 머문 장은 기형도 문학관이었다.
서울의 심야극장에서 생을 마친 젊은 시인이
경기도 시흥의 안개 어린 뚝방길을 걸으며 자랐다는 것을
나는 이 책에서 처음 알았다.
안개는 단순한 날씨가 아니었다.
그에게 안개는 삶의 조건이었고, 사회의 메타포였으며, 고통 그 자체였다.

"그 긴 방죽 위에 서 있어야 한다
문득 저 홀로 안개의 빈 구멍 속에

갇혀 있음을 느끼고 경악할 때까지"

나는 이 시를 읽으며
내가 견뎌야 했던 어떤 도시의 새벽, 눈물겨운 청춘의 방 안,
어디서도 내 이야기를 시작할 수 없었던 '그날의 나'를 다시 떠올렸다.

문학관이란, 결국 내가 나를 다시 만나는 방이다.
시인을 따라 걷다 보면 그의 문장 안에서
내가 묻어둔 말들이 먼저 울음을 터뜨린다.

윤동주와 기형도 사이

윤동주의 문학관은 그의 고향이 아니라 죽어서야 돌아간 북간도에 있다.
그의 시가 끊임없이 떠돌았던 이유는
그가 디아스포라의 운명을 짊어졌기 때문이 아니라
'한 점 부끄럼이 없기를' 바랐던 그 갈망이 끝내 안착할 장소를 찾지 못했기 때문이리라.

나는 윤동주의 〈서시〉를 애송하지 않는다.
그보다는 기형도의 "나는 따라갈 준비가 되어 있다"는 고백이 더 내 안에서 울린다.
왜 일까. 부끄럼이 없는 삶보다는

불안정하고 연약하지만 끝내 걸어가겠다는 결의가 나를 더 붙잡았기 때문일 것이다.

비평의 언어를 넘어, 감응의 문장으로

이 책은 단순한 비평서도 아니고, 답사기도 아니다.
삶이 묻어 있는 시를 따라 다시 시인의 장소를 걷고,
그 길 위에서 자신을 다시 만나는 인문서이다.

하상일은 말한다.
"좋아하는 사람들과 여행하듯 문학을 가까이하고 목말라하는 사람들과 함께 문학을 읽고 싶었다"고. 그래서일까.
이 책은 문학에 관한 책이면서 어딘가 다정하고, 또 어딘가 아프다.
나도 모르게 마음이 먼저 움직이고 발끝이 어딘가를 향해 걷고 있다.

감응의 자리, 문학관

문학관은 문학이 살아있음을 증명하는 장소이자
문학이 아직 '나를 살게 하는 힘'이라는 걸 확인하는 현장이다.
경주, 삼천포, 영랑생가, 정지용 생가, 신동엽 문학관…

이 책은 한국 시문학의 지도이자 한국의 '감정의 지형도'이다.
그 곳에서 시는, 죽지 않고 살아서 누군가의 내일을 흔든다.

그래서, 나는 또 시를 읽는다

『문학관으로 가는 길에서 시를 읽다』는
문학이 무엇인가 묻기보다 문학을 어떻게 살아야 하는가를 되묻는다.
그 질문 앞에서 나는 잠시 숨을 고른다.
문학관은 시인의 삶이 묻힌 곳이 아니라
내 삶이 시작되는 지점일지도 모른다.

항해 21 Voyage 21
구리, 정은, 도자 copper, sterling silver, ceramics
125×90×15, 200×200×110 mm, 2002

2부. 기억과 감응
— 역사는 침묵을 견디는 힘이다

일곱 번째 감응

역사의 바다에서 만난 이름, 이순신

김종대, 『이순신, 하나가 되어 죽을 힘을 다해 싸웠습니다』

책과 함께 시작되는 공부

한국 성인의 연간 독서량이 7.5권이라는 통계를 본 적이 있다.

종이책을 만지는 손길마저 줄어드는 시대.

그러나 나는 여전히,

내 일터에서

한 달에 책 한 권을 읽지 않는 어른들을 향해

읽기의 중요성을 말하고,

교과서와 문제집에 눌려있는 아이들의 책상 위에

묵직한 책 한 권을 놓아둔다.

내 곁엔 늘 책이 있었다.
손으로 쓸어보고, 품에 안고, 가끔은 잠든 아이처럼 껴안고 잠들었다.
읽는다는 건 나에게 곧 살아낸다는 것이었고,
텍스트는 외부의 세계이기보다
나의 피부에 스미는 감각이었다.
그리하여 내 공부의 시작은
언제나 책과의 접촉, 문장과의 마찰에서 비롯되었다.

낯설게, 그러나 정직하게 만나는 이순신

너무 익숙해서, 오히려 낯설었던 인물.
한국인이 가장 존경하는 위인 중 언제나 수위를 다투는 이, 이순신
나는 그를 새롭게 만나고 싶었다.
그의 고통에, 그의 망설임에, 그의 슬픔에 내 마음을 대보고 싶었다.
『이순신, 하나가 되어 죽을 힘을 다해 싸웠습니다』는
역사 속에 아로새겨진 이순신을 찾아 떠나는 몸의 기록이다.
저자 김종대는 법관으로 평생을 살아온 사람이었다.
그래서였을까.
오랜 시간 가슴에 품고 있던 이순신이라는 존재를
단 한권의 책으로, 역동적으로 담아내기엔 역부족이었을지도 모른다.

이순신, 장계를 통해 다시 살아나다

살아있는 이순신의 면모는
오히려 이순신의 숨결이 그대로 녹아있는 장계에서 빛났다.

흉악한 왜적들의 해독이 이 지경에 이르러 벌써 살육도 많고, 사로잡고 노략질한 것도 많아 이 지방에 사는 창생들로 고아가 되지 않은 자가 없습니다. 신이 이번에 연해안을 두루 돌며 지나는 산들마다 피난민이 없는 데가 없고, 신의 배를 바라보고는 아이, 어른 할 것 없이 메고지고 서로 이끌고 달려와 흐느껴 울고 부르짖으며 마치 살길이나 얻은 것처럼 하는 것이었습니다. … 전쟁하는 배에 사람들을 가득 싣고 운행이 어려울 일을 걱정해 뒷날 돌아갈 때 데리고 갈 것이니 각각 지혜롭게 잘 숨어서 적에게 들키지 말고 또 사로잡히지 말도록 하라고 간곡히 타일렀습니다.
— 『난중일기』 중 옥포승첩 장계

나는 이 장계를 소리 내어 여러번 읽었다.
말보다 먼저 울컥 치밀어오르는 뭔가가 내마음을 물들였다.
장계 글귀 사이 사이에 이순신 그가 있었다.

책을 쓴다는 것, 이순신을 뒤따른다는 것

저자 김종대는 말한다.
"세월호 선주는 왜 도망쳤고, 국가는 왜 아무도 구하지 않았는가."
그의 외침이 단순한 절규가 아니었음은 이후 그의 행보를 통해 증명되었다.
그는 글을 덮고, 펜을 놓았다.
이순신 정신을 가르치는 부산여해재단이 만들어졌고,
곳곳에서 작은 이순신이 생겨났다.
'사랑, 정성, 자력, 정의', 그가 말한 이순신 정신은
그 때 이후, 우리 시대를 살아가는 모두의 과제가 되었다.

지역과 삶, 그 위태로운 경계에서

나는 한국사회를 '비리와 부패의 종합선물세트'라 부른다.
그 중에서도 가장 참기 어려운 건
수도권 중심주의와 전문가주의이다.
사회, 경제, 문화, 교육 자원의 서울 집중,
어디 그 뿐인가.
지역 사정에 대해서조차도 서울이 우선적으로 발언하는 이 기형적인 구조.

특히 나는 우리사회의 전문가주의에 참을 수가 없다.
전문성과 전문가주의는 전혀 다른 개념이다.
진정한 전문성은 타자에 대한 응답의 깊이에서 시작된다.

나는 이 책을 통해,
이순신의 눈으로 오늘을 바라보는 법을 배웠다.
그의 말은 늦게 도착했지만,
늦은 그의 말은 우리 사회의 윤리를 뒤흔들어 놓았다.

감응의 글쓰기, 역사로부터 배우는 용기

『이순신, 하나가 되어 죽을 힘을 다해 싸웠습니다』는
영웅을 기리는 책이 아니다.
이 책은 한 사람의 삶을 통해 오늘의 우리를 비추는 거울이다.
그 거울 앞에서,
우리는 누구를 존경하고, 무엇을 잊고 있는지를 묻는다.
우리에게 필요한 것은
또 다른 이순신이 아니라,
이순신의 감각을 공유할 수 있는 작은 실천들일지 모른다.

역사의 바다를 항해해온 그 이름 앞에서,
나는 잠시 멈춰 섰다.
그리고 다시 이순신의 책을 펼친다.

열덟 번째 감응

우리는 언제부터 '하나의 민족'이었을까

김자현, 『임진전쟁과 민족의 탄생』

민족, 그 익숙한 단어의 낯선 기원

민족이란 무엇인가.

우리에게 '우리 민족', '민족의 역사', '민족 자긍심'이라는 말은 너무나 자연스럽다.

이 말들은 언제, 어떤 방식으로 형성되었을까?

민족이라는 정서, 혹은 민족적 자각은 처음부터 있었던 것일까?

저자 김자현의 『임진전쟁과 민족의 탄생』은 이런 질문에 정면으로 맞선다.

"우리는 언제부터 하나의 민족이었는가?"라는 물음을 통해,

그녀는 임신왜란이라는 거대한 전쟁이 '민족 담론'을 출현시킨 결정적 계기였다고 주장한다.

16세기 말 임진왜란, 그리고 17세기 병자호란을 거치며
조선인들은 조선을 지켜야 할 공동체로 인식하기 시작했다고 주장한다.
그 안에서 '민족'이라는 정서적, 정치적 개념이 태동했다고 그녀는 힘주어 말한다.

단순한 학술적 탐색의 결과가 아니라,
전통적인 민족 형성 이론을 동아시아적 맥락에서 새롭게 재조직하려 했다.
우리 역사에 대한 새로운 시선, 창의적 개입이었다.
2011년 그녀의 갑작스런 죽음 이후
이 작업은 '미완의 프로젝트'로 남아 있다.

의병의 언어, 민족을 부르다

저자의 작업은 사료 분석에 뿌리를 두고 있다.
임진왜란 당시 의병장들이 남긴 격문, 통문, 초유문 등의 1차 문서들,
이들 문서에 담긴 격정적인 수사와 집단적 감정을 통해
저자는 민족 담론의 기원을 추적한다.

그녀가 포착한 것은 단순한 호국 의지나 애국심만은 아니었다.
"모든 조선인이 조선을 지킬 책임을 공유하며 각 지방을 하나의 '조선'으로
통합적으로 인식하는 공동체적 비전"이었다.

의병의 언어는
'우리'와 '타자'를 구분하는 수사로 가득했고,
우리말과 한글,
우리의 문화와 역사를 중심으로
민족 개념이 형성되고 있었다.
저자 김자현은 이를 "민족의 탄생"으로 읽는다.

왕도, 한글로 글을 썼다

왕의 한글 교지도 등장했다.
궁지에 몰린 선조가 한글을 사용해 백성들과 의병들을 독려했다는 사실에 저자는 주목한다.
한글은 당시 지배계층에게는 철저히 주변화된 문자였다.
왕의 한글 교지는,
의사소통을 넘어 한글이라는 언어를 공공의 언어로 승인한 상징적 사건이었고,
조선 사회 내 민족적 자각의 문화적 조건을 뒷받침하는 사례였다.

동아시아 전쟁과 민족 담론의 계보

저자는 임진왜란과 병자호란을 단지 조선 내부의 비극으로만 조명하지 않는다.
동아시아 권력 지형 전체를 재편한 사건이라고 단언한다.
조선은 명의 몰락과 왜의 전환기 속에서도 유일하게 국가 체제를 유지하며 살아남았고,
이 과정에서 '조선'이라는 공동체의식은 더욱 강화되었다.

전쟁 이후 조선 사회는
전란을 기억하는 방식, 정체성의 재구축, 전쟁 이미지에 대한 허구적 서사라는
세 가지 축을 중심으로 민족 담론을 구성해나갔다.

비서구 민족이론을 다시 쓰다

저자의 학문적 행보는 여기에 멈추지 않았다.
홉스봄, 콜리, 막스 등 근대 민족주의 이론가들의 논의를 비판적으로 수용하면서,
동아시아적 민족 개념이 어떻게 유럽의 민족이론과 다르게 작동했는지를 설명하려 했다.
유럽 중심의 지식 체계가
전근대 동아시아의 민족 정체성을 '비합법적' 역사로 치부해버린 현실을 비판하며
비서구 지역에서 민족 담론이 어떻게 자생적으로 형성되었는지를 보여주는 본보기로
조선을 제시한다.

이는 단순한 학문적 해석으로 끝나지 않는다.
지식 생산의 권력에 대한 도전이면서
동시에 동아시아 민족론의 가능성을 열어젖힌 선구자적 지성의 쾌거였다.

미완의 완성 : 감응의 유산

『임진전쟁과 민족의 탄생』은 단순한 역사서가 아니다.
그것은 한 지식인이 자신의 시대와 언어, 사유의 자리를 총동원해
'민족'이라는 개념을 새롭게 그려보려는 감응의 기록이다.
완성되지 못했기에 더 소중한,
그래서 아직 열려 있는 사유의 문장들이 곳곳에 살아 있다.

저자는 민족 개념의 시작을 서구 근대라는 시간표 안에 배치하지 않았다.
대신 조선이라는 특정 사회, 특정 위기, 특정 언어 사용이라는 맥락 안에서
'민족'이 하나의 감정, 하나의 말, 하나의 연대를 통해 형성되어가는 과정을 보여주려 했다.

이 책의 책장을 덮고 나면 우리는 한 가지 질문 앞에 서게 된다.
'민족'은 언제 시작되었는가?
아니, 좀 더 정확히 묻자면 우리는 언제 '우리'를 만들어냈는가?

『임진전쟁과 민족의 탄생』은
그 질문의 역사적 출처를 임진년 전장 한복판에서 끌어와 오늘을 향해 조용히 건넨다.

아홉 번째 감응

대한민국의 정체성을 만든 서사들

실라 미요시 야거(조고은 옮김), 『애국의 계보학』

애국이라는 감정은 누구의 것인가?

애국은 너무 자주 불려와 너무 당연하게 소비되는 말이다.
"나라를 사랑하자." "애국심을 가져야 한다."
이런 문장은 정치 구호처럼 들리지만
사실은 개인의 감정에까지 침투하는 명령이기도 하다.
과연 애국은 감정일까, 이념일까, 혹은 정치적 기술일까?

실라 미요시 야거의 『애국의 계보학』은 이 익숙한 질문을 낯설게 만든다.
그녀는 한국의 애국주의가 센너화된 감정 징치의 역시로 구성되었음을 보여준다.

'애국'이 어떻게 국가 권력과 남성 중심의 서사,
그리고 시민 감정의 규율을 통해 만들어졌는지를 추적해간다.
미국 국적의 일본계 연구자인 그녀가,
한국 현대사에서 이런 통찰을 펼쳐냈다는 사실 자체가 감탄을 자아낸다.

애국은 감정인가, 기술인가?

이 책의 서문 제목은 "민족주의와 젠더의 시선으로 본 한국사"다.
이미 여기서 저자는 두 가지 프레임을 제시한다.
하나는 민족주의의 감정 정치,
다른 하나는 젠더를 통해 구성된 국가적 감정 기획.

저자는 다음의 세 가지 질문을 던진다.
첫째, 한국인은 남성성과 여성성의 형식을 어떻게 재구성했는가?
둘째, 그 젠더화된 정체성은 국가 건설에 어떤 역할을 했는가?
셋째, 역사 속 행위자들은 이러한 젠더-애국 서사를 어떻게 정치적 전략으로 활용했는가?

이 질문들을 따라가다 보면
애국은 단지 국가에 대한 '감정'이 아니라 이데올로기적 정동(affect)이며,
그것은 국가가 만들어낸 성별화된 시민감정의 합성물임이 확실해진다.

근대 지식인의 두 얼굴 : 신채호와 이광수

같은 시대, 같은 맥락 속에서 '애국'을 외쳤던 두 사람.
그러나 그 애국의 성격은 완전히 달랐다.
신채호는 민족주체의 자율성과 역사적 복원을 통해 독립과 근대를 구상했다.
"역사는 아(我)와 비아(非我)의 투쟁"이라는 그의 선언은
민족이라는 집단의 자각을 투쟁과 저항의 형식으로 호출한다.
그의 『조선상고사』는 단지 과거의 기록이 아니라 민족 주체의 실천적 재구성이었다.

이광수는 계몽과 교육, 그리고 문명화를 통해 '국민'을 형성하려 했다.
민족 자각을 외쳤지만,
제국의 근대성에 대한 동경이 그의 실천 방향을 식민지 권력과의 타협으로 이끌었다.
그의 애국은 결국 근대화된 순응의 길로 귀결된다.

흥미로운 것은 저자가 이 둘을 대립쌍이 아니라
젠더화된 애국주의의 두 얼굴로 본다는 점이다.
신채호의 투쟁적 민족주의 역시 남성 중심의 강경한 정치 감정을 전제하고 있었고,
이광수는 '어머니의 희생', '순결한 여성'을 통해 가부장적 국민국가를 설계했다는 점에서
두 사람 모두 성별 권력 구조 속에서 애국을 재현하고 있었다는 해석이다.

영웅적 남성과 희생적 여성의 서사 전략

이 책의 백미, '젠더화된 애국주의의 계보' 분석.
저자는 박정희, 김대중 등 한국의 지도자들이
남성성, 가족주의, 국가 충성을 감정적으로 교직해
애국을 구성해왔음을 비판적으로 해석한다.
'전쟁에 아들을 보내는 어머니', '국가를 위해 자신을 희생하는 여성'은
모두 애국이라는 감정이 사적인 삶에 침투하는 전략이다.
이는 단순한 감정이 아니라 국가 권력이 감정을 동원해 시민을 규율하는 방식이다.
'애국은 감동적이어야 한다'는 상상력은 그 자체로 위계적 서사 전략이다.

1980년대 반공주의는 애국을 국가 충성의 감정 장치로 만들었고
민주화 이후에도 애국은 여전히 '정상 시민'과 '비정상 시민'을 구분하는 기준으로 작동한다. 이 책은 이 지점을 놓치지 않는다.

김대중의 승리, 감정 정치의 전환점

에필로그 〈김대중의 승리〉는 이 책의 절정이다.
저자는 김대중의 대통령 당선을 대한민국 애국 담론의 전환점으로 평가한다.
그것은 단지 정치적 승리가 아니라

군사적·영웅적·남성적 애국 서사에서 시민적·도덕적·인권 중심의 서사로의 이행이었다.

김대중은 평화, 화해, 인권, 민주주의를 통해 '애국'을 재정의했다.
애국이 더 이상 남성성, 희생, 군사주의에 의해 독점되지 않고
다양한 시민적 가치의 실천으로 분산될 수 있음을 보여준 것이다.
저자는 이를 "애국의 민주화"라고 부른다.

감응하는 읽기 : 우리는 지금 어디쯤에 있나?

이 책을 읽고 나는 몇 번이나 '애국'이라는 단어를 되뇌었다.
그동안 너무도 쉽게 사용해왔던 단어였다.
그러나 실라 미요시 야거는 이 단어를 해체하고 성찰하게 만든다.

『애국의 계보학』은
한 사회가 어떻게 감정을 조직하고
그것을 권력으로 바꾸는지를 감응적으로 읽어낸 텍스트다.
저자는 냉철한 학자이지만 이 책은 결코 차갑지 않다.
그녀의 통찰은 예리하지만
감정의 흐름과 권력의 움직임에 대한 공감과 긴장이 동시에 느껴진다.

오늘의 한국에서 '애국'은 여전히 '동원'된다.

선거철마다, 국가적 위기마다, 감정은 규율되고 서사는 재편된다.

이 책은 묻는다.

지금 우리가 믿는 '애국'은 누구의 이야기인가?

『애국의 계보학』은

감응의 정치, 감정의 윤리를 성찰하게 하는 서사적 거울이다.

열 번째 감응

난중일기 번역의 새 지평을 열다

김종대, 『의역 난중일기』

번역이라는 고투, 읽기라는 실천

난중일기는 모두가 '알고 있다'고 말하는 텍스트다.
하지만 실제로는 제대로 읽은 사람이 드문 책이다.
국보로, 세계기록유산으로,
또는 '성웅 이순신'이라는 거대한 이미지의 일부로 남아있다.

난중일기는 언제나 위대한 상징으로 존재해 왔다.
김종대 전 헌법재판관이 펴낸 『의역 난중일기』는
그 상징의 벽을 허물고 한 개인이자 인간으로서의 이순신을 우리 앞에 조심스럽게 불러낸다.

2부. 기억과 감응
— 역사는 침묵을 견디는 힘이다

책의 서문에서 저자는,

쉽게 읽을 수 있는 난중일기의 필요성을 강하게 제기한다.

이 말은 단지 '쉬운 번역'만을 의미하는 것은 아니다.

원문의 단어를 하나하나 옮기는 것이 아니라

삶의 맥락을, 시간의 감정을, 그리고 전쟁 속 인간의 떨림을 함께 옮기겠다는 의지다.

의역, 텍스트를 살리는 번역

번역에는 늘 두 가지 입장이 교차한다.

하나는 '원문 충실주의', 다른 하나는 '독자 지향주의'다.

저자의 『의역 난중일기』는 분명 후자 쪽이다.

그는 역사학자도, 한학자도 아니며

일기를 오랫동안 써 온 독자로서의 경험을 바탕으로

일기의 감정과 맥락을 번역하고 싶었던 듯 하다.

이는 단순한 '의역' 선언이 아니라

번역을 삶의 실천이자 감응의 기록으로 삼겠다는 의지이다.

이 책의 주요 의도가 이순신이라는 인물의 '문면적 영웅성'이 아니라

매일매일을 살아내던 '삶의 일기'로서의 난중일기를 되살리는 데 있다면

더욱 그렇다.

번역의 차이를 넘어서 : 실존적 감응으로의 전환

실제로 난중일기는 이미 수십 종의 번역본이 존재한다.
북한의 홍기문, 남한의 이은상, 최근의 노승석에 이르기까지,
각기 다른 번역 철학과 문체가 적용되었다.
어휘, 문장 배열, 감정선의 차이들이 번역자에 따라 미묘하게 차이가 있다.
저자는 문장을 재구성하면서
이순신의 정황, 당시의 감정 상태, 인물 간의 관계 등을 구체적으로 되살리고자 했다.
이러한 방식은
기존 번역들이 놓쳐왔던 '이순신의 생각의 흐름'과 '살아 있는 정황'을
전달하는 데 중점을 둔 방식이었다.

'이순신 읽기'의 민주화

의역의 진짜 목적은 단순하지 않다.
저자는 아마도 자신의 작업을 통해
이순신의 인간성을 원형대로 복원해서 모두에게 전하고 싶었을지도 모른다.
이 책은 난중일기를 '국가 서사 속의 위인'이 아닌,
'한 사람의 기록'으로 되돌려놓는 실천적 지향점을 지니고 있다.

저자의 번역은 텍스트에만 머물러있지 않았다.

각 일기의 시작에는

당시의 전쟁 상황과 사회적 맥락, 이순신의 개인적 고뇌에 대한 주석이 덧붙는다.

이 주석들은 단순한 설명을 넘어,

이순신을 마치 동시대를 살아가는 사람처럼 상상하게 한다.

독자는 이 책을 통해

이순신의 절망, 분노, 외로움, 그리고 백성에 대한 사랑을 직접적으로 감응하게 될 것이다.

감응의 독서, 실천으로서의 번역

『의역 난중일기』는 번역서이면서,

동시에 하나의 문학적 실천이고,

감응의 독서이다.

시민적 역사 읽기의 모델이다.

감정의 탈정치화, 역사 텍스트의 영웅화가 범람하는 시대에

저자는 묻고 있다.

"이순신은 누구였는가?"

"그리고 우리는 그를 어떻게 기억해야 하는가?"

이 책은 그 물음에 대한 깊은 응답이다.

그리고 그 응답은

문장보다는 삶의 감응과 연결된 언어로,

다시말해 일기라는 장르의 본질을 다시 묻는 방식으로 이루어진다.

다시 읽기, 다시 쓰기 : 이순신과 우리의 거리

『의역 난중일기』를 읽으며

나는 비로소 이순신과 깊은 대화를 나누었다.

텍스트 속의 이순신과 나와의 거리는 그리 멀지 않았다.

이 책은 난중일기를 쉽게 읽는 법을 보여주는 책이 아니다.

한 인물을 타자로서 느끼고 감응하는 윤리적 글쓰기의 모델이다.

열한 번째 감응

역사의 대중화 혹은 대중의 역사화

마르틴 뤼케, 이름가르트 췬도르프(정용숙 옮김), 『공공역사란 무엇인가』

공공역사, 어디서 시작되었는가

'공공역사(public history)'라는 용어는
1960년대 미국의 '신사회사(New Social History)'에서 비롯되었다.
그러나 그 정의는 여전히 다의적이고 논쟁적이다.
마르틴 뤼케와 이름가르트 췬도르프가 공동 집필한 이 책에서의 정의는 다음과 같다.
"공공역사는 전문연구자가 아닌, 광범위한 공중을 지향하는 공적 역사 표현의 모든 형태를 의미하며 역사 제시를 탐구하는 역사학의 하위 분과이기도 하다."

이 정의에서 핵심은 전문연구자가 아닌 '공중'이다.

그러나 바로 이 '공중'이라는 개념의 추상성과 불확실성이 공공역사의 본질적 긴장을 드러낸다. 공공역사는 단지 '대중을 위한 역사'가 아니라 대중이 주체가 되어 구성하는 역사, 즉 대중의 실천적 역사화다.

학계 바깥의 역사들

공공역사는 기존의 '학계 역사(academic history)'를 넘어선다.
논문이나 강의, 연구 성과 발표로 귀결되지 않고
역사박물관, 다큐멘터리, 전시, 기업 브랜딩, 시민 역사 프로젝트, 지역 구술사 등
광범위한 문화 실천으로 확장된다.

이 책은
그 모든 실천들을 응용역사(applied history)의 관점에서 해석하며
역사학이 '사회와 만나는 다양한 형식'으로 존재할 수 있음을 설득력 있게 보여준다.

특히 중요한 지점은 비전문가도 역사를 구성하는 행위의 주체가 될 수 있다는 인식이다. 오랫동안 '사관(史官)'이나 '학문 권위자'에게 독점되었던 역사 서술의 공간이 민주화되고 다층화되는 과정이다. 여기에는 일기, 편지, 구술사, 일상의 기억들 즉 '에고 다큐멘트(Ego-Dokumente)' 같은 새로운 사료의 등장도 포함된다.

공공역사와 진본성 : 대중과 진실의 간극

공공역사의 실천은
항상 '진실성' 혹은 '진본성(authenticity)'의 딜레마에 직면한다.
대중적 호소력을 위해 역사적 진실이 희석되거나 왜곡될 가능성은 분명 존재한다.
그러나 저자들은 이것이 단순히 오류나 위험이 아니라
역사가란 무엇인가를 되묻는 윤리적 지점임을 강조한다.
대중은 종종 미디어와 함께 역사적 '진실'을 재구성한다.
그 진실은 오히려 '진본적 허구(authentic fiction)'로 기능한다.
공공역사의 과제는 여기에 있다.
오락성과 계몽성이라는 두 축을 동시에 감당하며,
역사라는 '열린 서사'를 구성해 가는 작업, 그것이 바로 공공역사의 숙명이다.

기억문화 vs 역사문화 : 역사를 다루는 두 가지 방식

이 책의 중심적 이론틀은
기억문화(Erinnerungskultur)와 역사문화(Geschichtskultur)의 대비적 개념이다.
기억문화는 공중 속에서 생성되는 자발적이고 비공식적인 역사 감각이다.
종교적 의례, 기념비, 지역 축제, 구술 기억 등으로 구체화된다.
역사문화는 국가나 제도적 주체들이 주도하는 공적 역사 활용이다.

교과서, 박물관, 정부 기념사업 등이 그 예다.

기억문화가 '아래로부터의 역사'라면 역사문화는 '위로부터의 역사'라고도 볼 수 있다.
그러나 저자들은 이 둘을 대립적으로 보기보다,
상호보완적인 역사 담론의 장으로 해석한다.
공공역사는 이 두 축 사이에서 의미를 생산하고 매개하는 접속점이다.

역사교육, 어떻게 가능할 것인가

저자들은 공공역사의 핵심적인 실천으로 '역사교육'을 강조한다.
그러나 그것은 단순한 정보 전달이 아니다.
역사교육의 핵심은 다음의 세 가지 원리이다.

1. 서사성(Narrativity)
역사는 단편적 사실의 나열이 아니라 의미를 구성하는 이야기다.
사실을 엮는 방식이 바로 역사다.

2. 역사적 상상(Historical Imagination)
불완전한 과거를 채우기 위한 상상력이 반드시 필요하다.
이 상상은 비판적 사유를 가능케 한다.

3. 다원적 관점(Plural Perspective)
역사란 항상 특정한 시선과 위치성에서 서술된다.
역사의 주체는 하나가 아니며, 교차하고 충돌한다.

역사교육은 이 세 가지 요소를 통해,
단지 '과거를 가르치는 일'이 아니라
현재를 사유하고 미래를 상상하는 문화적 실천이 된다.

공공역사는 왜 중요한가

이 책의 백미는
'리빙 히스토리(Living History)'와 같은 실천 방식들을 통해
역사가 어떻게 '체험'될 수 있는지를 보여주는 대목이다.
단지 책 속의 과거가 아니라
몸으로 경험하고, 장소에서 느끼고, 감각으로 재구성하는 역사.
공공역사는 역사와 대중 사이의 거리감을 좁히는 정치적 실천이다.

어떤 이는 공공역사를 "역사로 진흙탕에 뛰어드는 일"이라 말한다.
위험하지만 반드시 필요한 일,
특히 역사 왜곡, 혐오 서사, 정치적 조작이 범람하는 지금의 시대에

공공역사는 진실을 말하는 방식이 아니라,
'진실을 말할 권리'의 구조 자체를 문제 삼는 시도다.

열린 텍스트로서의 역사

『공공역사란 무엇인가』는 독자에게 다음과 같은 질문을 던진다.
"당신은 역사의 소비자인가, 아니면 창조자인가?"
"당신이 기억하는 그 사건은 누구의 말로, 누구의 시선으로 만들어졌는가?"

역사는 더 이상 닫힌 지식이 아니다.
오히려 사회적 상상력과 실천, 공중의 언어와 윤리 안에서 새롭게 구성되어야 할
'열린 텍스트'다.

공공역사는 그 열린 텍스트 위에 우리가 어떤 삶을 쓰는지,
그 쓰기의 방식까지 되묻는다.
그리고 그러한 쓰기야말로 진정한 역사적 주체로 나아가는 한 걸음이다.

열두 번째 감응

역사는 과거가 아니다

주진오, 『주진오의 한국현재사』

"역사는 과거와 현재의 대화이다."
역사학자 E.H. 카의 이 유명한 문장을 우리는 너무 익숙하게 받아들인다.
그 문장을 정말로 '살아 있는 말'로 받아들이는 이는 얼마나 될까.
역사가 정녕 과거를 바라보는 일이 아니라
오늘을 살아가는 우리에게 어떤 책임을 요구하는 행위라면
그 역사는 지금 이 순간에도 새롭게 쓰이고 있는 중일 것이다.
역사학자 주진오가 『주진오의 한국현재사』에서 시도한 것은
바로 이 지점, 역사를 '과거의 기록'이 아닌 '현재의 실천'으로 되살려내는 것이다.

역사는 '현재의 실천'이다

이 책은 제목부터 낯설다.
"한국현대사"가 아니라 "한국현재사"라니.
이는 단지 단어의 조어 문제를 넘어
저자 주진오가 역사에 대해 갖는 철학을 드러낸다.
그는 역사를 "과거의 오늘"을 통해 "현재의 내일"을 창조하는 실천이라고 여긴다.
그에게 역사는 '기록'이 아니라 '개입'이며, '기억'이 아니라 '대화'다.

그가 강조하는 역사의 존재론은 벤야민의 '현재시간(Jetztzeit)'과 연결된다.
역사는 그 자체로 구조물이 아니라
기억이 섬광처럼 현재 속에서 번뜩이며 재구성되는 공간이다.
주진오가 말하는 '현재사'란
이처럼 역사가 동결되지 않고 지금 이 자리에서 다시 호흡하게 만드는 실천의 기술이다.

여성의 삶과 다중성의 역사

『주진오의 한국현재사』에서 흥미로운 지점 하나.
'역사 속 여성'에 대한 고찰이다.
제2장 〈만들어가는 역사〉 "인생의 패배자라고 슬퍼하지 마라"에서

저자는 역사에서 배제된 여성들의 생애를 되짚으며
승패의 이분법으로는 담을 수 없는 '삶의 다중성'을 이야기한다.

여기서 주진오의 관점은 오늘날 젠더 인식과 일정한 거리를 둔다.
그의 여성에 대한 시선은 다정하고 섬세하다.
그러나 여전히 남성 중심 인문주의의 한계를 넘지 못한다.
그는 '여성을 이해하려는 좋은 남성'이지만,
'여성주의를 실천하는 학자'라고 보기에는 조심스러운 측면이 있다.
그렇기에 저자의 표현을 빌리자면 "삶의 다중성"이라는 말이야말로
이 책의 장점이자 아쉬움이다.

페미니즘은
여성에 대한 '이해'를 구하는 이론체계가 아니다.
젠더 질서 전반에 대한 비판과 재구성의 철학이다.
그 점에서 저자의 사유가 가지는 일정한 보수성
혹은 '선한 남성 지식인'으로서의 자기한계는
오히려 지금 한국의 역사 담론이 지닌 젠더 감수성 부족의 축소판처럼 보이기도 한다.

참여하는 역사 : 교과서와 공론장의 실패

책의 세 번째 장 〈참여하는 역사〉는 단연 이 책의 중심부다.
특히 역사교과서 국정화 논쟁을 다룬 부분은
저자의 역사적 책임의식이 가장 선명하게 드러난다.
그는 교과서를 둘러싼 싸움이
'서술 방식'이나 '정권의 이념투쟁'의 문제가 아니라고 본다.
그것은 지식이 어떻게 구성되고 누가 그 권력을 갖는가에 대한 문제,
즉 '공공지식의 정치학'이라는 것이다.

역사교과서 국정화 사태에서 우리가 목격한 것은
단지 교과서의 내용 왜곡이 아니라 지식 생산 주체의 일방적 독점이었다.
저자는 이를 "당대를 해석하는 역사의 정치화가 아니라 정치적 선전의 역사화"라고 진단한다. 저자가 던지는 다음의 질문은 깊다.
"역사책이 모든 진실을 담고 있다고 믿는가?
그렇지 않다. 역사란 언제나 지금, 여기의 이야기다."

한국사회는 다양성을 말하지만 실제로는 동일한 목소리를 강요한다.
우리에겐 여전히 앎의 방식, 배움의 과정, 질문하는 힘에 대한 이해가 결핍되어있다.
역사교육의 빈곤은 곧 민주주의의 빈곤이기도 하다.

역사를 되묻는 일, 실천하는 지식인의 길

『주진오의 한국현재사』는
방대한 사실을 담은 역사교과서가 아니다.
이 책은 실천하는 역사학자의 메모이며,
지식인으로서 시대와 대화하려는 기록이다.
그의 관점은 온전히 급진적이거나 혁신적이지는 않다.
그가 "역사학자는 자신의 시대에 대해 발언하고 소통해야 한다"고 말할 때,
우리는 그 안에서 그의 학문적 소명의 윤리를 본다.

역사는 단순히 과거의 사실을 배우는 것이 아니라
그 사실에 질문을 던지고,
다른 해석을 모색하며,
그 과정을 통해 지금 우리의 삶을 바꾸는 것이다.
이 책은 바로 그런 의미에서 '현재사'다.

"과거의 것을 역사적으로 표현한다는 것은
그것이 어떠했던가를 인식하는 것이 아니라,
위험의 순간에 섬광처럼 스쳐가는 기억을 붙잡는 일이다."
— 발터 벤야민, 『역사철학 테제』

3부. 시대와 감응
― 지금, 여기에 사는 우리의 모습

열세 번째 감응

스스로를 의식하고 자랑스러워하는 존재들

브뤼노 라투르, 니콜라이 슐츠(이규현 옮김), 『녹색계급의 출현』

질문으로 시작되는 감응의 독서

"우리는 누구와 가까이 있고, 누구와 멀어져 있는가?"

책장을 덮은 뒤에도 이 질문은 머릿속을 맴돌았다.

『녹색계급의 출현』은

정치생태학이라는 다소 무거운 주제를 다루지만

그것은 곧 나의 위치와 삶의 양식을 되묻는 감정적 호출이었다.

나는 지금 누구의 편인가.

나는 '그들'과 어떤 조건 속에서 연대하고 저항할 수 있는가.

정치는 이제 더 이상 인간만의 무대는 아니다.

이 책은 브뤼노 라투르의 정치생태학과 그의 제자 니콜라이 슐츠의 계급이론을 바탕으로

'지구생활자'라는 전혀 다른 주체들을 우리 역사에 끌어들인다.

대기, 바다, 빙하, 기후와 같은 존재들이 무대 뒤 배경이 아닌,

주연이 되어 우리와 함께 이야기를 써내려가는 인류세의 기록이다.

자연은 더 이상 무대의 배경이 아니다.

함께 앓고, 함께 반응하며, 함께 붕괴되고 있는 '우리'다.

인간중심의 계급을 넘어 생명의 감응으로

계급은 오래도록 인간들 사이에서만 정의되어 왔다.

생산과 소유, 자원과 이윤의 구조 속에서만 그려졌다.

그러나 『녹색계급의 출현』은 이 고리를 끊어낸다.

더는 인간만이 중심이 아니다.

지구 위에서 살아가고 반응하는 모든 존재가 이제 계급적 관계 안으로 들어온다.

이 책이 말하는 '녹색계급'은 어떤 이념의 틀이나 사상적 대의를 넘어

모든 존재들의 절박한 자기 의식이며 그 생명의 감응이다.

이 책을 읽는 동안 내내 나는 불편했다.

아니, 불안했다.

매주 네 명의 환경운동가가 죽어간다는 통계 앞에서 나는 침묵으로 공모하고 있었던 셈이다. 과거 노동운동이 자본에 의해 탄압되던 때보다
훨씬 더 많은 이들이 살해당하고 있다는 현실은
생태위기가 단지 '환경의 문제'가 아니라 철저히 '정치의 문제'임을 웅변한다.

감응의 정치학, 감정의 윤리학

이 책은 묻는다.
"지구에서 지금, 당신은 누구와 함께 거주하고 있는가?"
이 질문은 정체성의 탐색을 넘어 감정의 정렬을 요구한다.
나는 누구의 아픔에 울고, 누구의 절망에 눈을 감는가.
감응의 정치학은 바로 이 정서적 배열에서 출발한다.
우리는 감정의 지도 위에서 정치를 결정하고, 거리를 재며, 책임을 회피하거나 감당한다.
감응은 윤리 이전의 감각이지만 윤리를 낳는 감각이기도 하다.

『녹색계급의 출현』은 그런 의미에서 나를 다시 지구에 착지시킨다.
생태주의는 먼 미래의 낭만이 아니며 정치적 취향의 선택지도 아니다.
그것은 "살고자 하는 감정" 그 자체다.
저자들은 말한다. "녹색계급은 이미 존재한다. 다만 조직되지 않았을 뿐이다."
이 말은 일종의 감정적 선언이다.

우리 모두가 그 일부임을, 다만 아직 고개를 들지 못했을 뿐임을 깨닫게 한다.

감정의 정렬에서 행동으로

책의 마지막 장을 덮으며 나는 묻는다.
"정말 세계는 바뀔 수 있을까?"
그러자 이 책은 이렇게 답하는 듯하다.
"우리는 이미 출현했고, 이제는 함께 행동할 차례다."

정치는 감정의 질서를 구성하는 일이다.
이 책은 내 감정의 방향을 다시 성찰하도록 이끌었다.
감정의 재배치는 곧 내 삶의 윤리를 다시 그리는 일이기도 했다.
『녹색계급의 출현』은 생태주의의 매니페스토가 아니라 살아남기 위한 감정의 지도다.

열네 번째 감응

우리는 지구를 떠나지 않는다
— 슬픔에서 윤리로, 윤리에서 삶으로

에코페미니즘 연구센터 달과나무,
『우리는 지구를 떠나지 않는다 — 죽어가는 행성에서 에코페미니스트로 살기』

지구에 남고자하는 자의 정치, 감응의 선언

나는 어디에 있는가.
이 질문은 공간의 물음이 아니라 감정의 자리매김이다.
우리는 종종 떠나고 싶다고 말한다.
일터에서, 관계에서, 도시에서, 이 지구에서조차도.
그러나 이 책은 말한다. "우리는 떠나지 않는다. 우리는 이곳에 남는다."

『우리는 지구를 떠나지 않는다』는 하나의 생태학적 선언이자 정동의 정치학이다.
에코페미니스트들이 자신의 몸과 삶의 언어로 말하고 있는 이 책은 거대한 이론이나 담론보다 먼저 자기 삶의 장소를 감응의 자리로 만드는 실천의 이야기다.
그것은 우리가 잊고 있었던 감정의 능력을 되살린다.
슬픔, 분노, 두려움, 죄책감, 희망과 같은 감정들이 무기력이나 회피가 아니라
정치적 가능성의 지형이 될 수 있음을 보여준다.

감각으로부터 시작되는 질문들

에코페미니즘은
우리가 당연하다고 여겼던 세계에 스스로 질문을 던진다.
"성장은 행복인가?"
"발전은 누구를 위한 것인가?"
"우리는 자연을 소유할 수 있는가?"
이러한 물음들은 관념이 아니라 감각에서 시작된다.
내 앞마당의 나무가 사라졌을 때 느끼는 이상한 상실감,
쓰레기통 옆 축 늘어진 길고양이의 무표정 앞에서 겪는 정서적 혼란,
폭염 속에서 일상이 무너지는 몸의 감각,
이 모든 것들은 감응의 토대이자 정치의 출발점이다.

기후감정, 감응의 언어를 건네다

에코페미니스트들은 '기후감정'이라는 단어를 우리에게 건넨다.
그것은 지식의 언어가 아닌 감정의 언어로,
생태를 다시 이해하자는 제안이다.
우리가 느끼는 두려움과 우울, 죄책감과 연민은 부끄러운 감정이 아니다.
그것은 우리가 여전히 감각할 수 있는 존재이며,
그 감각이 정치적 응답성을 가질 수 있음을 보여주는 증거다.
이 감정들은 연대의 기초이자 윤리의 문턱이다.

나는 이 책을 읽으며
내가 겪어온 '이유 없는 슬픔'들이 실은 이유 있는 것이었음을 깨달았다.
시들어가는 꽃, 건조해진 나무껍질, 떠나버린 고양이들.
그것은 단지 생명의 사라짐이 아니라 세계와의 관계가 끊어지는 감정이었다.
이 책은 그것을 생태적 슬픔이라 불렀다.
그 슬픔은 고요한 눈물이 아니라
살아 있는 존재로서 세계에 응답하고자 하는 윤리적 감정이었다.

말 걸기와 재再거주, 일상의 정치

이 책은 전문가주의에 갇히지 않는다.
친절한 음성으로 우리에게 말을 걸며 다가온다.
우리의 삶은 충분히 정치적이고, 우리의 감정은 충분히 윤리적이다.
기후위기를 전문가의 손에만 맡기지 말고
일상의 자리에서 응답하고 말하고 행동하자고
이 책은 우리를 다독인다.

기억해야 할 장면이 있다.
저자들이 강조하는,
"재거주 정치는 불타는 세계 속에서도 다시 살아갈 자리를 만드는 일"
거대한 담론보다 앞서야 할 것은
다시 이 세계에 자리를 잡고 살아갈 감각, 다시 돌보는 윤리다.
이 책이 말하는 정치란 바로 그 감응의 재구성이다.

자기돌봄에서 지구돌봄까지

에코페미니즘은 단순한 주의主義가 아니다.
그것은 상처 입은 세계에서 연결된 존재로 살아가고자 하는 감응의 윤리학이다.

저자들은 말한다.

"자기 돌봄과 지구 돌봄은 하나다."

이 문장은 단순한 표어가 아니다.

우리가 그동안 잃어버렸던 윤리적 감각이며,

새로운 세계를 만들기 위한 정서적 기술을 그려낸다.

이 책을 덮으며 나는 이런 문장을 떠올렸다.

"우리는 지구를 떠나지 않는다. 우리는 감정을 버리지 않는다."

감정 없는 정치는 생명력이 없다.

감응 없는 생태는 작동하지 않는다.

『우리는 지구를 떠나지 않는다』는

생태를 과학이 아닌 감응의 언어로 다시 써 내려간 책이며,

그 첫 문장이자 마지막 문장은 결국 우리의 몸에서, 감정에서, 그리고 관계에서 시작된다.

열다섯 번째 감응

인류세에서 죽음을 배운다는 것
— 기억의 시간, 윤리의 감각

로이 스크랜턴(안규남 옮김), 『인류세에서 죽음을 배우다』

먼 이야기로부터 다가온 감각

처음엔 제목이 무겁고 버거웠다.
죽음을 배운다니. 더구나 인류세에서?
문명의 종말을 성찰한다는 이 책이 내게는 너무 먼 이야기처럼 느껴졌다.
이상하게도 페이지를 넘길수록 그 거리는 점점 좁혀졌다.

이 책이 세계의 종말을 말하면서도, 삶의 감각을 회복시키는 책이었기 때문일까.
이 책은 '지구가 죽어간다'는 경고를 넘어
우리가 죽음을 어떻게 감각하고, 응답하며, 기억할 것인가를 묻는다.

『인류세에서 죽음을 배우다』는
통계와 과학적 사실로 무장하고 있으면서도,
동시에 감정과 기억의 언어로 말한다.

기후위기가 더는 예측이 아닌 진행형 재난이라는 사실을
저자는 과장하지도 회피하지도 않는다.
세계은행의 보고처럼 이산화탄소 배출을 지금 즉시 멈춘다 해도
이미 돌이킬 수 없는 가열의 시대.
지구의 평균 기온이 화씨 2.7도 상승하는 미래는 피할 수 없다.
생명체의 대부분이 생존할 수 없는 행성적 붕괴상태.
하지만 이 책은 단지 환경을 걱정하는 것으로 끝나지 않는다.
이 책은 '죽음의 언어로 다시 삶을 감각하는 책'이다.

인간, 공범의 자각

인류세란 무엇인가?
그것은 인간이 지질학적 존재로 등장한 시대,
인간의 활동이 지구 전체를 바꾸어놓은 시대를 뜻한다.
우리는 이제 더 이상 자연 위에 서 있는 존재가 아니다.
자연을 파괴하면서 동시에 그 곳을 터선삼아 살아가는 공범적 존재이다.

저자는 말한다.
"중요한 것은 지구온난화가 사실인가 아닌가가 아니라,
이 뜨겁고 급변하는 세계에서 어떻게 살아갈 것인가이다."

이 문장은 내가 이 책과 깊이 감응하게 된 지점이다.
문제는 '팩트'가 아니다.
감각이다.
우리는 지금 어떤 삶의 감각으로 이 세계를 감지하고 있는가.
죽음을 부정하는 세계에서 죽음을 인식하는 능력을 갖는 것이야말로
인류세의 인간에게 가장 필요한 생존 기술이 아닐까.

기억하는 존재로 산다는 것

책을 읽는 동안 나는 자꾸만 '기억'이라는 말을 곱씹었다.
저자는 인간의 본질을 기억의 존재라 말한다.
"죽은 자가 말하게 하고, 태어나지 않은 자에게 말을 전하는 존재."
우리는 존재하지 않는 시간,
존재하지 않는 타자에게 말을 걸 수 있는 능력을 가졌다.
이것은 단순한 언어의 기술이 아니라 감응의 능력이다.
시간과 죽음을 감지하는 윤리적 감각.

이 책은 묻는다.

"우리는 지금 어떤 감정으로 이 세계에 응답하고 있는가?"

나는 문득 슬픔이 '느껴졌다'.

소멸 앞에서 느끼는 절망이나 두려움이 아니라

사라질 세계를 떠나보내는 이의 슬픔 같은 것.

동시에 분노가 몰려왔다.

탄소 기반 자본주의의 감각불감증,

경제성장이 모든 것을 해결해줄 거라는 기술 환상주의와

인간의 오래된 회피와 오만에 대해서도.

저자가 말하듯

지구의 총체적 탈탄소화는 지금의 경제시스템과 양립할 수 없다.

그럼에도 우리는 계속 체계를 유지하려 애쓰고 파국을 미뤄가며 버틴다.

이건 지혜가 아니라 집단적 자기기만에 가깝다.

철학은 어떻게 다시 불려오는가

그래서, 저자는 철학을 다시 부른다.

그는 철학이 세계를 구할 수 없을지는 몰라도

죽는 법을 배우는 존재로서의 인간을 다시 자각하게 할 수는 있다고 말한다.

몽테뉴가 "철학은 죽는 법을 배우는 것"이라 했듯
죽음을 기억하는 감각, 끝을 인식하는 능력,
그것이야말로 인간이 인간으로 남을 수 있는 마지막 조건이 된다.

나는 이 문장을 오래 붙들었다.
"인문학의 운명은 인류의 운명이다."
저자에게 인문학은 지식의 집합이 아니다.
그것은 시간과 공간을 초월하여 서로에게 응답하게 하는 기억의 언어이며,
공존의 감정 인프라다.
파국이 다가올수록 우리는 더 많은 기계를 가질 게 아니라
더 깊은 감정을 기억해야 한다.

죽음을 감각하는 윤리

죽음을 배운다는 것은
살아있음을 다시 감각하는 윤리를 배우는 일이다.
생존을 넘어 기억하는 존재로 살아가는 법.
그 기억은 나의 것이면서 너의 것이고,
지금의 것이면서 미래의 것이다.
이 책은 바로 그 시간과 존재의 연대기를 감응의 문장들로 엮어낸 기록이다.

열여섯 번째 감응

조용한 외상, 말 없는 고통

제니퍼 프레이저(정지호 옮김), 『괴롭힘은 어떻게 뇌를 망가뜨리는가』

무심함의 흔적 — 우리가 지나친 상처들

우리는 얼마나 많은 상처를 그냥 지나쳐 왔는가.

그리고 얼마나 많은 고통을 '그 정도는 누구나 겪는 일'이라며 무시해왔는가.

나도 모르게 했던 말과 침묵,

내가 지나쳤던 누군가의 표정과 동작,

그 모든 무심함들이 누군가의 뇌에 오래도록 남아 흔적을 남긴다는 사실 앞에서

나는 갑자기 작아지곤 했다.

이 책은 괴롭힘이라는 익숙한 단어에 담긴 감정과 상처의 깊이를

신경과학적 감응의 언어로 들려준다.
그리고 그 언어는 내 안에 오래도록 남아 있던 죄책감, 슬픔, 무력감과 맞닿아 있다.

『괴롭힘은 어떻게 뇌를 망가뜨리는가』는
한 어머니의 상처에서 시작되었다.
자신의 아들이 학교에서 교사에게 학대를 당했다는 사실을 뒤늦게 알게 된
저자 제니퍼 프레이저.
그녀는 상처받았지만 그 충격을 외면하지 않았다.
슬픔과 분노, 죄책감을 밀어내지 않고
오히려 그 감정들을 따라 들어갔다.
그렇게 감정은 질문이 되었고, 질문은 연구가 되었고,
연구는 치유의 글쓰기가 되어 우리 곁으로 돌아왔다.

이 책은 분명히 말한다.
괴롭힘은 뇌를 망가뜨린다고.
이는 비유가 아니라 물리적 사실이다.
반복되는 스트레스는 해마에 코르티솔을 넘치게 하고,
그 때문에 신경세포는 점차 죽어간다.
그러나 이 책이 전하려는 더 깊은 메시지는 '과학적 사실' 자체가 아니다.
오히려 과학을 통해 들여다본 감정의 상처이고,
사소하게 여겨졌던 일상의 무심함이 얼마나 중대한 감정의 파열로 이어지는가에 대한

윤리적 경고다.

감정의 윤리 ─ 상처입은 자와 상처준 자

저자는 단순한 폭력행위(그런 게 있다면)나 명백한 학대를 말하고자 함이 아니다.
우리가 감각하지 못한 채 반복하는 '미묘한 공격들'까지 포괄하는,
구조적 맥락으로만 설명되어지는 무수한 폭력들.
대답 없는 피드백, 무반응, 무시, 유령 취급…
비폭력의 이름으로 포장된 감정의 무시는 '감정의 죽음'을 유발한다.
이 무심한 행위들이
얼마나 많은 사람들의 기억 능력, 판단력, 학습력을 파괴하는지
우리는 알지 못했다.
지금껏 너무나 많은 일을 겪었을 뇌를, 수많은 감정을
'그 정도는 아무 것도 아니다'라며 지나쳐온 탓이다.

책을 읽는 내내 내가 떠올린 것은
나의 상처가 아니라, 내가 준 상처였다.
나는 몇 번이나 누군가의 말에 반응해 주었을까.
얼마나 많이 '마치 농담"이었던 것처럼 아픈 얼굴들을 무시했을까.
이 책은 우리의 일상과 윤리를 재정의한다.

"무심함도 폭력이다."

치유와 감응 — 윤리를 회복하는 길

하지만 절망을 말하진 않는다.

저자는 힘주어 말한다.

"뇌는 치유될 수 있다. 뇌는 회복될 수 있다."

치유는 치료가 아니다.

치유는 완전체로 회복되는 일이다.

치유는 상처 없는 상태로 되돌아가는 것이 아니라

상처를 품고도 살아가는 힘을 다시 회복하는 것이다.

이 책의 가장 값진 부분은,

괴롭힘을 감지하고 치유하는 윤리적 감각을 되살리는 기술을 제시한다는 점이다.

상처입은 자와 상처준 자 모두를 위한 회복의 열 가지 단계.

이 제안은 단지 개인의 내적 회복이 아니라

사회 전체가 감응의 윤리를 회복하는 과정으로 읽혀야 한다.

나는 책을 덮으며 묻는다.

우리는 지금, 누구의 감정에 응답하고 있는가?

우리는 과연 어떤 말과 침묵으로 타인의 뇌에 흔적을 남기고 있는가?

『괴롭힘은 어떻게 뇌를 망가뜨리는가』는
치유에 대한 안내서이자 감정의 정치학에 대한 새로운 선언문이다.
여기에서 신경과학이라는 도구는
인간에 대한 근본적인 윤리의식을 다시 묻는 언어가 된다.
나는 이 책이
법정이나 병원보다도 교실과 가정, 직장과 온라인 대화창에서 먼저 읽히기를 바란다.
이 책은 인간을 인간으로 살게 하는 '감응의 문서'다.

열일곱 번째 감응

우리는 정말 가족인가요?

김지혜, 『가족 각본』

감정은 있지만, 제도는 없다

서로를 돌봤지만 가족이 아니었다.
함께 살았고, 함께 늙었으며, 죽음조차 함께였던 두 사람이지만
법은 이들을 끝내 가족이라 인정하지 않았다.
죽음을 지켜보지 못한 자, 남겨진 자는 이 세계에서 설 자리를 잃고 사라졌다.
『가족 각본』은 바로 이런 장면에서 시작한다.
돌봄은 있었지만 제도가 없었고,
사랑은 있었지만 권리가 없었던 현실.
이 책은 우리가 가족이라 부르는 것의 실체를 묻는다.

가족이라는 문화적 각본

나는 이 책을 읽으며 계속해서 한 단어에 머물렀다.
'가족'은 법률이나 혈연이 아니라 삶의 감정 인프라다.
그러나 우리 사회에서 가족은
감정보다 제도와 규범으로 더 자주 정의된다.
진실된 감정이 아닌 설계도로서의 제도가 우선이었고,
결국 가족은 정상성이라는 이름의 각본이 되었다.
그 안에서 '정상'이 아닌 이들은
배제되고 침묵되며 때로는 죽음으로까지 몰린다.

『가족 각본』은 말한다.
"우리가 가족이라 믿는 것, 그 모든 관계에는 문화적 각본이 존재한다."
그 각본은 누가 말하지 않아도 암묵적으로 작동한다.
결혼은 반드시 이성 간의 것이어야 하고,
아버지는 생계부양자여야 하며,
어머니는 헌신적 돌봄자여야 한다.
자녀는 부모의 '기쁨'이자 '자산'이어야 한다는 암묵적 규범까지.
이 규범에 어긋나는 모든 가족은 비정상이라는 이름으로 가려지고 고립된다.

우리는 우리 사회가 가족을 보호한다고 믿고 있지만

사실은 특정한 가족만을 인정하고 나머지는 존재하지 않는 것처럼 다룬다.
가족이라는 제도가 감정을 배신하는 순간을 이 책은 끈질기게 추적한다.

감정의 윤리를 회복하라는 요청

이 책의 문제의식은 제도 비판에 있지 않다.
그것은 감정의 윤리를 회복하자는 요청이다.
왜 많은 아이들이 '가정'이라는 이름의 공간에서 학대받는가?
왜 동거와 연대의 형태가 변화하고 있음에도
법과 제도는 여전히 핵가족 이데올로기에 집착하는가?
왜 우리는 고통을 겪는 아이들에게
"그래도 가족이잖아"라는 폭력적인 말을 아무렇지도 않게 하는가?

가족은 더 이상 혈연만으로 정의될 수 없다.

가족은 돌봄, 응답, 책임, 감정, 기억으로 구성된다.
그러나 우리사회에서 가족은
여전히 계급을 세습하는 통로이자 불평등의 재생산 기계로 기능한다.
동질혼과 가족 부양의무, 정상가족 이데올로기와 같은 장치는 그 자체로 감정의 균열을 제도화한다.

아이는 태어나는 순간,

가족을 통해 계급을 몸에 새기고, 이 낙인은 평생 그들의 감정과 가능성을 제약한다.

가족을 다시 쓰는 감응의 언어

이 책에서 반복해 등장하는 통찰 중 하나.

"가족을 통해 계급이 세습되는 현실은 외형적으로는 합법적이고 공정해 보인다."

가족이라는 이름으로,

돌봄이라는 명목으로,

사랑이라는 감정으로

모든 불평등은 정당화되고 은폐된다.

그리고 우리는 그 안에서 사랑과 억압을 동시에 배운다.

이 책은 그런 우리를 향해 묻는다.

"당신이 믿는 가족은 누구를 배제하고 있는가?"

"가족이라는 이름으로 침묵당한 감정은 무엇이었는가?"

『가족 각본』은 제도에 저항하는 책이 아니라 감정을 회복하는 책이다.

감정의 정당성을 제도적 언어로 다시 말하고,

비가시적 관계들에 정당한 존재의 자리를 돌려주기 위한 시도다.
법과 규범보다 먼저,
우리가 느끼는 감정의 진실성이 공공의 정의가 될 수 있음을 말해주는 책이다.

가족은 더 이상 '주어진 것'이 아니다.
가족은 선택되고 구성되며 때로는 의지로 만들어져야 하는 공동의 감정 체계다.
이 감정은 누구에게도 공평하게 제도로 보장되어야 한다.
국가의 언어로 인정받아야 하며,
기억의 정치로 쓰여져야 한다.

열여덟 번째 감응

진실이 무너진 자리에서, 나는 무엇을 믿는가

미치코 가쿠타니(김영선 옮김), 『진실 따위는 중요하지 않다』

진실의 감각이 사라진 시대

우리는 언제부터 진실을 의심하게 되었을까.

아니, 진실이라는 말이 더 이상 공기를 흔들지 못하게 된 순간은 언제였을까.

『진실 따위는 중요하지 않다』는 그런 질문에서 출발한다.

이 책은 단순히 도널드 트럼프라는 한 정치인의 거짓말을 고발하는 책이 아니다.

그것은 진실의 감각이 어떻게 무너지고,

그 자리에 혐오와 효과만이 남게 되었는가를 추적하는 기록이다.

이 책은 '진실 이후의 시대'에

우리가 느끼는 감정적 파편들을 응시하게 만든다.

트럼프는 하루에 평균 5.9개의 거짓말을 했다고 한다.
그의 거짓말은 단순한 허위가 아니었다.
그것은 하나의 감정전략이자 권력을 유지하기 위한 정동의 전술이었다.
사실이 아니라 감정이, 논리가 아니라 효과가
정치의 무기가 된 시대.
진실은 더 이상 '신뢰의 언어'가 아니라 '의심의 구실'이 되었고,
가짜뉴스는 사람들의 마음에 가닿는 방식으로 더욱 기승을 부린다.

책을 읽는 내내 나는 질문을 멈출 수 없었다.
"진실은 왜, 누구에게는 작동하지 않는가?"
"우리는 왜 약자의 언어는 '주관적'이라 부르면서
권력자의 언어는 '객관적'이라 부르는가?"

포스트모더니즘, 진실의 파괴자인가?

저자 미치코 가쿠타니는 이 모든 진실 붕괴의 원인을 포스트모더니즘에서 찾는다.
푸코와 데리다, 해체주의의 이름들이 가짜뉴스와 혐오의 조장자로 소환된다.
저자에게 이 철학들은 모든 진실을 허물고, 모든 기준을 상대화하며,

결국에는 허무주의를 불러왔다.

나는 저자의 진단에 선뜻 동의할 수 없었다.
왜냐하면 포스트모더니즘은 진실을 부정하려 한 것이 아니라
진실의 구조와 권력을 파헤치려 했기 때문이다.
그것은 '진실이 없다'고 말한 것이 아니라
"진실이 어떻게 구성되고 누구에게 유리하게 작동하는가"를 물었던 사유였다.

진실은 언제나 감정과 맥락, 권력과 결합된 형식으로 작동하며
우리가 그것을 인식하지 못할 때 가장 쉽게 이용당한다.

진실은 정보가 아니라 감정이다

우리는 진실을 믿는 것이 아니라
진실처럼 보이는 감정에 감응하는 존재들이다.
그렇기에 '가짜뉴스'는 정보의 문제가 아니라 감정의 문제이고,
'진실의 실종'은 팩트의 부족이 아니라 공감 능력의 쇠퇴다.
내가 동의한 것은 바로 이 지점이다.
우리는 지금,
서로 다른 진실의 세계에서 살고 있고,

더 이상 아무것도 공유하지 않는다.

이 책은 우리에게 묻는다.
"진실은 여전히 의미가 있는가?"
나는 대답하지 못했다.
진실은 가끔 너무 멀고, 너무 불편하고, 너무 값비쌀 때가 있다.
나는 종종 내 '진실'을 꺼내 놓을 때마다
무시당하고, 조롱당하고, 지워졌다.
그래서 나는 되묻게 된다. 진실은 누구를 위해 존재하는가.

지금의 디지털 시대는
모두에게 발언권을 준 듯 보이지만 정작 누구의 목소리가 들리고,
누구의 진실이 퍼지는가는 여전히 권력의 문제다.
SNS는 진실의 민주화를 허락한 것이 아니라 감정의 알고리즘화를 촉진시켰다.
우리가 진실이라 믿는 대부분의 것들은 어쩌면
가장 공명한 것,
가장 클릭된 것,
가장 '좋아요'를 많이 받은 것일지도 모른다.

감응으로 다시 쓰는 진실의 윤리

진실은 존재하는가,
만약 존재한다면 진실은 왜 이렇게도 쉽게 무너지는가.
 저자가 비판하는 지점은,
"우리가 트럼프를 비판하는 동안, 더 많은 '트럼프들'이 생겨났고, 여전히 생겨나고 있다"는
사실이다.

『진실 따위는 중요하지 않다』는
감정의 시대에 진실의 위치를 묻는 책이다.
나는 이 책이 끝내 진실을 되찾자는 낭만으로 귀결되지 않기를 바란다.
오히려 우리는 이제부터라도 감응의 윤리로 진실을 다시 써야 한다.
그것은 '단 하나의 진실'을 추구하는 것이 아니라
서로의 감정과 기억을 존중하는 방식으로 진실을 나누는 기술이다.

진실은 더 이상 소유할 수 있는 것이 아니다.
진실은 감응될 수 있을 때에만 진실이다.
그 감응이 불가능할 때,
진실은 다만 누군가의 도구가 될 뿐이다.

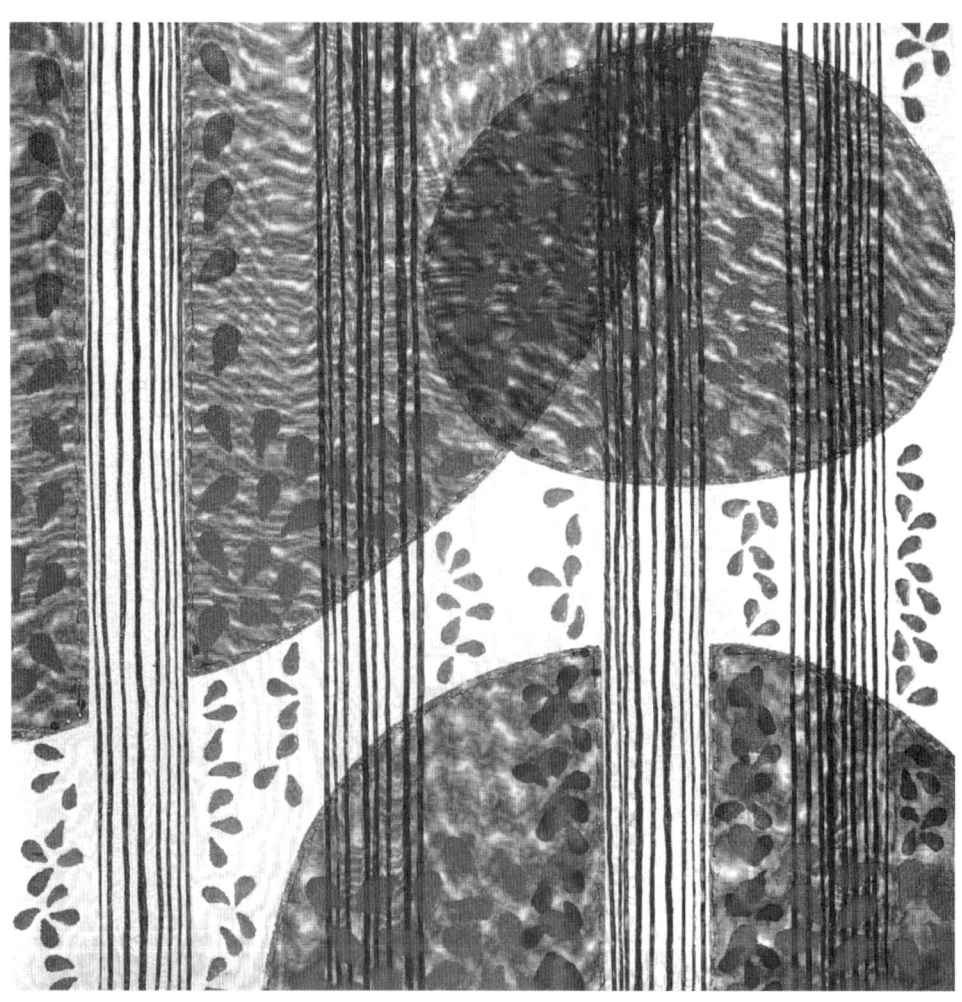

바람꽃 5 Wind-flower 5
구리망, 칠보, 정은 coppermesh, enameling, sterling silver
300×300×2 mm, 2008

4부. 타자와 감응
— 타자의 고통에 다가서기

열아홉 번째 감응

장미가 피어 있던 자리

리베카 솔닛(최애리 옮김), 『오웰의 장미』

1936년 봄, 조지 오웰은 장미를 심었다.

리베카 솔닛은 말한다.

"나는 그 사실을 안 지 30년이 지났지만 그것이 무엇을 의미하는지는 몇 년 전 11월의 어느 날까지도 제대로 생각해본 적이 없었다."

장미는 너무 가까이 있어 잊혔고, 너무 평범해서 물어지지 않았다.

솔닛은 바로 그 장미에서 질문을 시작한다.

"오웰은 왜, 그 전쟁같은 삶 한가운데서 장미를 심었을까?"

감정 — 빵과 장미 사이에서

오웰은 단순히 권력과 폭력에 저항한 작가가 아니다.
그는 꽃과 흙과 손의 감각으로 스스로를 구했던 사람이다.
"글쓰기의 육체 없는 불확실성"을 견디는 대신,
정원에서 몸을 굽혀 땅을 파고, 하루의 끝에 서서 얼마나 팠었는지를 확인할 수 있는 삶.
그것이 오웰이 추구한 삶이었다.

솔닛은 말한다.
정원은 곧 "육체노동의 공간이며, 즉각적이고 이론의 여지 없는 효과를 볼 기회"라고.
나는 그 말 앞에서 오래 멈춰있었다.
무력감으로 어깨가 굳어갈 때,
누군가에게서 위로받을 수 없다면 나는 무언가를 심어야겠다고 생각했다.
아주 작고 연약한 뿌리 하나라도,
그게 어쩌면 내 오늘의 의미일지도 모르겠다고.

'빵과 장미' 중에서 장미를 먼저 말할 수 있는 사람,
나는 그런 사람을 믿고 싶다.

기억 — 오웰이 잊지 않았던 것들

오웰의 기억은 늘 쓸쓸했다.
『위건 부두로 가는 길』에 나오는 광산의 냄새,
스페인 내전에서 본 피와 배신,
『1984』에서 그가 그린 무표정한 얼굴들…
하지만 그 속에도 장미는 있었다.

솔닛은 오웰이 꽃을 사랑했다는 사실을 우리에게 다시 상기시킨다.
아내 아일린에게 정원일을 기록하라고 말했던 그,
부친의 임종 중에도 꽃의 기록을 잊지 않았던 그.
오웰이 심은 장미는 무미건조한 정치적 선언도,
무기력한 아름다움도 아니었다.
그건 살고 싶다는 감각적 기념碑였다.

나는 종종 누군가를 잃은 후에야 장미를 본다.
그 꽃은 기억의 기척이자 불현듯 나를 뒤흔드는 감정의 뿌리이다.

정치 — 기쁨으로 저항하는 일

이 책의 부제는 "위기의 시대에 기쁨으로 저항하기"이다.
가슴 한복판이 서늘하다.
기쁨으로 저항한다는 말이 얼마나 낯선가.
우리 시대의 저항은 늘 격렬하거나 비장하거나,
때론 말라 비틀어진 비판일 뿐이지 않은가.

솔닛은 다시 묻는다.
"장미는 그저 유약한 기쁨인가, 아니면 가장 단단한 삶의 의지인가?"
그 질문은 나를 다시 지금의 자리로 되돌려 놓는다.
나의 장미는 무엇인가?
누가 나에게 장미를 심을 시간을 허락했는가?

기쁨은 사치가 아니다.
기쁨은 '세계가 여전히 회복될 수 있다'는 믿음을 버리지 않는 방식이다.
오웰은 그걸 알았다.
그는 장미를 심으며 소리없는 외침을 내질렀을지도 모른다.
"나는 당신들의 미래를 믿지 않는다. 그러므로 오늘, 나는 장미를 심는다."

그날의 장미, 오늘의 나

나는 오웰이 장미를 심던 1936년 봄을 떠올린다.
그해 그는 『카탈루냐 찬가』를 준비하고 있었고,
세계는 또 하나의 전쟁을 향해 달리고 있었다.
그러나 그는, 장미를 심었다.

솔닛은 그를 찾아 떠난 길에서 장미를 찾았다.
그녀가 찾은 것이 단지 꽃이었을까.
아마도 그것은 기억의 씨앗, 감정의 근원, 저항의 방식이었을 것이다.

"어떤 사람이 호랑이에 쫓겨 낭떠러지에 매달린다.
곧 죽을 상황 속에서 그는 딸기 한 알을 발견하고 그것을 먹는다.
그 순간 해야 할 일은 무엇인가?" 솔닛은 딸기를 맛보겠다고 했다.
나도 그럴 것이다.
죽음을 기다리는 동안 나는 '오늘의 장미'를 볼 것이다.
지금 이토록 아름답게 피어 있는 장미를.

장미는 저항의 또다른 이름이다

이 책은 '오웰의 장미'를 쓰는 동시에
'나의 장미'를 묻는 책이다.
장미는 감정이다.
장미는 기억이다.
장미는 정치다.

나는 오늘,
『오웰의 장미』를 읽으며 기꺼이 고개를 끄덕인다.
"우리는 아직, 장미를 심을 수 있어."

스무 번째 감응

꽃비는 어떻게 내 안에 머물렀는가
— 애도의 감응, 그 첫 문장을 위하여

허은주, 『꽃비 내리는 날 다시 만나』

슬픔은 자라나는 감정이다

꽃비는 아주 작은 강아지였다.

가느다란 털이 바람결에 흩날리고 한쪽 눈은 끝내 잘 뜨지 못한 채 세상을 올려다보았다.

작고 약한 생명이 엄마의 그림 그리는 손끝 곁에서 말 없이 함께 살았다.

사랑은 말로 이루어지지 않았고, 삶은 안약 한 방울로 이어졌다.

나는 이 구절 하나 앞에서도 오래 멈춰 있었다.

어떤 말도 쓸 수 없었다.

그저 꽃비가 남긴 침묵을 조용히 안고 있었을 뿐이다.

책 한 권을 읽는 데 한 달이 걸렸다.
책장을 넘기는 일이 내게는 '애도의 의식'이었다.

애도의 언어는 늦게 도착한다

나는 그때 아버지를 여의었다.
바이러스는 모든 생명을 똑같이 삼켰고,
나는 아버지의 손 조차 잡아드릴 수 없었다.
꽃비를 읽는 동안 나는 자꾸 아버지를 떠올렸다.
꽃비는, 나의 아버지였다.
말을 하지도, 듣지도 못한 채 어딘가로 떠나간 한 생명이었다.

애도란 무엇인가.
사회학자 엄기호는 말한다.
"말로 견디는 것. 돌아가신 이를 통해 낯선 것과 만나는 시간."
나는 이 책을 읽으며 낯설지 않은 죽음조차도
여전히 설명할 수 없는 어떤 무력감에 빠져 있었다.
슬픔은 감각이고, 감각은 언어보다 먼저 울었다.

우리는 왜 슬픔에 무지한가

슬픔이 낯선 사회는 재난 앞에서 침묵한다.
슬픔을 모르는 정치는 참사의 무게를 견딜 수 없다.
세월호 이후, 이태원 이후, 우리 사회는 변하지 않았다.

"왜 아직도 우리는 애도할 말을 모르는가."
"왜 아직도 우리는 감정을 설명하는 단어가 이토록 빈약한가."

『꽃비 내리는 날 다시 만나』는
그 질문에 대한 작고 여린 응답이다.
말을 잃은 사람, 침묵을 선택한 수의사, 그리고 말하지 못하는 존재들.
그 모두가 우리 사회의 또 다른 '증언자'다.

'감응의 애도'를 배운다는 것

나는 이 책에서 '애도를 발명하는 글쓰기'를 배웠다.
슬픔을 함께 감각하고, 함께 살아내는 법도.
책 속의 구구, 나비, 그리고 수많은 '작은 죽음들'은
더 이상 그들만의 죽음이 아니었다.

그들은 이 사회에서 유기된 생명이었고,
제대로 애도받지 못한 우리들의 상실이었다.
나는 이제야 깨닫는다.
애도는 타자를 감각하는 첫 번째 언어라는 것을.

꽃비의 시간, 우리의 사회

반려동물 천만 시대에 살고 있다.
그러나 그 말은 사랑해야 할 존재가 천만 개 더 생겼다는 뜻 뿐만 아니라
슬퍼해야 할 책임이 천만 개 더 늘어났다는 뜻이기도 하다.

정치는 이 '슬픔의 감각'을 외면해왔다.
투명창 속에서 전시되고 택배로 반품되는 생명들.
사육장에서, 도로 위에서, 사람들 곁에서 죽어가는 존재들.

나는 감히 말하고 싶다.
정치가 정말로 슬픔을 감지한다면
애도의 몸으로 거듭나야 한다고.
'감응의 정치'란,
작은 생명들의 떨림을 함께 느끼는 일에서부터 시작되어야 한다고.

그러니까 이 책은,

단지 반려동물의 병상일지가 아니라

'잊히지 않기 위한 글쓰기'였다.

슬픔을 밀어내지 않기 위한 감응의 기록이었다.

우리는 다시 만나야 한다.

나의 아버지와도, 꽃비와도, 그리고 아직 애도되지 못한 모든 존재들과도.

그 만남은 언젠가 비처럼 내릴 것이다.

눈물과 함께, 꽃과 함께.

"그날, 비처럼 내리던 꽃의 이름을 기억한다면

당신도 이제, 애도의 문장 하나를 쓸 수 있을 것이다."

스물한 번째 감응

슬픔의 윤리, 아무도 미워하지 않는 자의 죽음 앞에서

잉게 숄(송용구 옮김), 『아무도 미워하지 않는 자의 죽음』을 다시 읽으며

책장을 넘기며, 나는 서 있었다

2025년 3월, 나는 이 책을 다시 꺼내 들었다.

40년 전, 그 책은 최루탄 냄새와 함께 건네졌다.

"읽어. 네가 왜 싸워야 하는지 알게 될 거야."

아무도 미워하지 않는 자들의 죽음은

누군가의 각성과 울음으로 건네진 의식화의 첫 문장이었다.

그로부터 수십 년이 흘러 나는 다시 이 책 앞에 서 있다.

이제는 왜 아무도 미워하지 않는 자들이 죽을 수밖에 없었는지를 묻기 위해서.

백장미, 흰색 저항의 이름

1942년의 독일.

히틀러의 시대였다.

그 해, 다섯 명의 청년이 한송이 백장미로 피었다.

그들은 총을 들지 않았고 깃발을 흔들지도 않았다.

다만 인쇄기 앞에서

"자유는 인간의 생명이다"라고 외치는 전단지를 만들었을 뿐이다.

한스, 조피, 알렉산더, 빌리, 크리스토프. 그리고 교수 쿠르트 후버.

그들은 정의와 인간의 존엄,

그리고 "우리가 인간이라면 말해야 한다"는 윤리를 지켜냈다.

전단은 여섯 번 뿌려졌다.

그리고 일곱 번째 전단 앞에서 그들은 체포되었다.

그들의 마지막 말은, "자유 만세."

영웅이 아닌 이들

저자 잉게 숄은

죽은 자신의 동생들을 영웅이라 부르지 않았다.
그들은 우리처럼 어쩌면 두렵고, 불안하고, 흔들렸을 사람들이다.
그러나 단 하나, "인간이라면 말해야 한다"는 확신.
그 확신이 그들을 살게 했고 또한 죽게 했다.

영웅이 되고자 했던 적 없는 이들이
왜 가장 먼저 미움의 칼날 앞에 섰는지,
왜 지금 이 땅의 젊은이들이 다시 그들의 이름을 부르는지를
세상은 알고 있을까?

지금, 여기에 도착한 질문

2025년의 겨울 초입,
한국은 또다시 계엄령의 공포를 경험했다.
누구도 믿지 않았던 일이 실제로 기획되었고,
그 어두운 상상은 계획서의 문장으로 남았다.
우리는 얼마나 쉽게 민주주의의 이름을 잊는가.
얼마나 자주 무고한 죽음 앞에서 눈을 감는가.

오스트리아의 철학자 이졸데 카림은

우리 시대의 갈등을
"나눌 수 있는 갈등"과 "나눌 수 없는 갈등"으로 구분한다.
분배의 문제는 나눌 수 있지만
정체성과 세계관, 가치의 충돌은 나눌 수 없기에 협상도 없다.
지금 이 땅은 그 두 번째 갈등 속에 있다.

미워하지 않기 위해 필요한 것

나는 스스로에게 묻는다.
"아무도 미워하지 않으려면 우리는 무엇을 해야 하는가."
아마도 그것은 '공존의 말하기'일 것이다.

슬픔을 말할 수 있는 감정의 언어.
불가능한 타협을 시도하려는 비현실적인 상상력.
이 길은 실패할 가능성이 크다.
그러나 우리는 이미 너무나 많은 실패 위에서 민주주의를 지켜오지 않았던가.
여기서 포기할 수는 없다.

그래서 이 책은,
희망이 아니라 윤리에 관한 책이다.

살아남은 자들이 어떻게 살아야 하는지에 관한 책이다.

나와 너, 그리고 우리 모두를 위한 애도

나는 조용히 책장을 덮었다 펼쳤다를 반복했다.
책의 첫 문장이, 나를 향했다.
나는 지금 어디쯤 서 있는 것일까?
우리는 어디를 향해 가고자 하는가?

미워하지 않으려면 애도하는 법부터 배워야 할 지도 모른다.
함께 슬픔을 말할 수 있을 때, 우리는 무너지지 않는다.
"살아 있는 자들이 지켜야 할 유일한 신념은 미워하지 않는 것이다."

스물두 번째 감응

눈멂의 감각과 문화, 그리고 세계를 재조명하며
— 거기, 눈을 심는다는 것

M. 리오나 고댕(오숙은 옮김), 『거기 눈을 심어라』

눈이 사라진 자리에

눈을 다시 심는 상상을 해본다.

보이지 않는 자리를,

무언가를 다시 본다는 행위는 과연 감각일까, 기억일까, 저항일까.

저자는 다음과 같이 말한다.

"나는 눈이 닳아 없어졌다고 말하지 않는다.

눈이 사라진 자리에 나는 세계를 새로 발명해야 했다."

『거기 눈을 심어라』는

실명의 경험을 이야기하지 않는다.

이 책은 '눈을 가진 채로도 우리가 얼마나 눈멀었는지'를 말하는 책이다.
눈을 잃는 과정이 아니라
'본다'는 행위의 권력과 믿음이 어떻게 문명을 지배해왔는지를
해부하는 문화사이자 철학서다.

우리는 언제부터 '보는 것'을 믿었는가

고대 그리스인들은 지식은 '본 것'으로부터 온다고 믿었다.
'보다'(sight)는 곧 '알다'였다.
보지 못하는 것은 무지, 결핍, 혹은 초월의 표상이 되었다.
눈먼 자는 시인, 예언자, 혹은 신의 대리인이 되거나
아무것도 하지 못하는 무능력자가 되었다.

보는 것과 보지 못하는 것.
그 단단한 이분법은 문명의 내면으로 깊게 뿌리내렸다.
이 책은 그 오래된 이분법의 균열을 찾아간다.
빛과 어둠, 지식과 무지, 능력과 장애 사이의 경계를 허문다.

"눈이 없다"는 말의 허위

저자는 말한다.
"나는 어둠 속에 살고 있지 않다."
그녀는 암흑을 경험하지 않는다.
오히려 빛의 '폭격'을 견뎌야 하는 존재다.
그녀의 눈멂은 스펙트럼이다.
완전한 실명이 아닌 얼룩덜룩한 상태.
마치 인간의 삶처럼 명료하지 않은 감각의 흐름.

비非시각장애인이 상상하는 '완전한 어둠'은 환상이다.
대부분의 시각장애인에게 눈멂은 명확하지 않으며,
감각은 모호하고 중첩된다.

이 책은
그 사실을 문학적 수사나 상징이 아니라
실제 삶의 언어로 말해준다.
눈을 감아야만 보이는 것들이 있다는 진실처럼.

시각중심주의의 폭력성

데카르트는 시각을 "가장 고상한 감각"이라 불렀다.
그는 『굴절광학』을 통해 '보는 것'의 위계를 공고히 했다.
그러나 저자는 묻는다.
왜 우리는 '마음의 눈'은 말하면서 '마음의 귀'는 말하지 않는가.
왜 우리는 '통찰(insight)'이라는 말을 '청찰', '촉찰'로 대체할 수 없는가.
그런 점에서 이 책은
시각이 단순한 감각을 넘어
인식과 문명의 중심이 된 과정 자체가 편향된 문화의 결과였음을 드러낸다.
눈은 이제 감각이 아니라 권력이고, 구조이며, 언어다.
그 안에서 보는 자와 보지 못하는 자는 구획되고 분리된다.

우리는 언제 눈을 잃게 되는가

나는 50대초반 급성 백내장을 앓았다.
일주일 간격으로 두 눈에 인공수정체를 삽입했다.
수술 후 나는, 더 이상 내 눈이 '내 것이 아님'을 실감했다.
아마도 내 눈은 점점 시야를 잃어가는 방향으로 나아갈 것이다.
언젠가는 이 책의 저자처럼 나의 눈이 닿을 곳은 얼룩덜룩한 세계일 지도 모른다.

그러나 더 이상 두려움에 휩싸이진 않는다.

이 책 덕분이다.

이 책은 장애에 관한 책이 아니다.

'인간됨'의 조건을 말해주는 책이다.

보이는 것과 보이지 않는 것 사이의 수많은 인간들의 존재 가능성에 대한 이야기다.

감각의 민주주의를 위하여

보르헤스는 말한다.

"눈멂은 삶의 스타일일 뿐이다."

나는 이 말에 절반만 동의한다.

눈멂은 삶의 스타일이 아니라 삶의 다른 문법이다.

다르게 느끼고,

다르게 말하며,

다르게 사랑하는 방식.

저자는 우리에게 제안한다.

이제는 감각의 차이를 존중하는 정의의 공간을 만들자고.

그곳에서는 눈을 감고 듣는 자, 촉각으로 읽는 자, 상상으로 본 자들이

동등하게 이야기할 수 있다고.

그곳에는 시각의 독재도 없고 지식의 오만도 없다고.
감각의 민주주의,
그것이 이 책이 심고자 한 '눈'이다.

"거기, 눈을 심어라."

이 문장은 단순한 비유가 아니다.
그것은 선언이다.
지금 이 순간
당신의 내면에, 우리 사회에, 문화에, 다른 감각의 씨앗 하나를 심는 일이다.
그 씨앗은 어둠 속에서도 자랄 것이다.
빛의 왼손이 어둠을 쓰다듬듯
우리의 세계를 부드럽게 흔들며 새로운 시야를 열어줄 것이다.

스물세 번째 감응

우연을 끌어안는 자, 아이러니스트

리처드 로티(김동식, 이유선 옮김), 『우연성, 아이러니, 연대』

모든 진리는 언어의 형태를 하고 있다.

철학자 플라톤은 믿었다.

인간이 이성에 도달하면 마침내 같은 진실을 말하게 되리라고.

그러나 로티는 말한다. 그런 일은, 일어나지 않는다고.

우리가 말하는 언어는 우연히 선택된 도구들일 뿐이다.

진리는 표상이 아니다.

진리는 신념들로 엮인 우연한 문장일 뿐이다.

그 문장은 절대자의 목소리가 아니라 '나의 언어'로 만들어진 말들일 뿐이다.

그리고 '나의 언어'조차 언제나 흔들리고, 유한하며, 부서질 수 있다.

이 책에서 로티는

진리가 아닌 '이야기'로 세계를 지탱하라고 말한다.

플라톤의 동굴을 탈출하라고 하지 않는다.

그 동굴 벽에 새로운 이야기를 쓰라고 말한다.

나는 왜 나인가 — 자아 창조의 감응

로티는 우리에게 묻는다.

"당신은 당신을 어떻게 만들어갈 것인가?"

자아는 발견하는 것이 아니다.

형이상학적 본질 따위는 없다.

자아는 만들어지는 것이다.

실패하고, 다시 말하고, 다시 엮고, 다시 흔들리는 과정 속에서 만들어진다.

그렇게 로티는 우리를 아이러니스트가 되라고 말한다.

자신의 마지막 어휘를 의심하고,

그 어휘가 나를 온전히 말해주지 못함을 받아들이는 사람.

그런 이를 우리는 아이러니스트라고 말한다.

그는 다시 묻는다.

"그 말이 정말 너인가?"

"그 신념은 어디서 왔는가?"

"그 고통은 누구의 언어로 말해졌는가?"

나는 자주 내가 쓴 문장이 낯설다.

그 문장들 사이에서 나를 설명할 수 없다는 감정이 솟구칠 때,

나는 비로소 아이러니스트가 되는걸까.

연대, 타인의 고통 앞에서의 침묵

로티에게 연대는 이념이 아니다.

정의의 기획도 아니다.

연대는 하나의 감정이다.

타인의 고통을, 내가 가진 언어로는 다 설명할 수 없음을 인정할 때

그 자리에 생겨나는 감응이다.

그는 말한다.

"연대란, 잔인함에 대한 혐오로부터 시작된다."

그 말은 내게 전율처럼 다가왔다.

잔인함을 두려워하지 않기 때문이 아니라

우리가 잔인함을 '정당화'하는 언어의 논리를 너무 쉽게 받아들이기 때문이다.

이성, 정의, 규율, 질서, 합리성, 선…
그 단어들은 너무 많은 고통을 '피할 수 없는 것'으로 만들었다.
로티는 그런 어휘들을 잠시 멈춰 세운다.
그리곤 말한다.
"덜 잔인한 사회가 더 나은 사회다."
그 단순한 문장은 수천 년 철학의 수사를 무너뜨린다.

우연성은 우리의 시작점이다

우리는 누구도 되지 않을 수 있었고,
우리가 된 것은 우연이었다.
내가 사용하는 언어,
내가 믿는 가치,
내가 싫어하는 것,
내가 사랑하는 것 모두가
우연한 시대, 우연한 공동체, 우연한 교육의 산물이다.

로티는 그 우연을 부정하지 않는다.

오히려 존재의 감정으로 받아들인다.

그는 철학자가 아니라 시인이 되자고 말한다.

이성이 아닌 상상력으로 세계를 만들자고 제안한다.

그 세계는 진리를 말하는 장소가 아니라

고통에 감응하고 새로운 단어로 자아를 발명하는 서로 다른 이야기의 공존지대다.

감응의 아이러니스트가 된다는 것

자유주의 아이러니스트는

자신의 언어가 결코 충분하지 않다는 사실을 잊지 않는 사람이다.

그래서 그는 듣는다.

타인의 문장에 귀를 기울이고 자신의 언어를 수정한다.

그는 또한 믿는다.

우리는 모두, 언젠가는 덜 잔인한 사람이 될 수 있다고.

우리는 모두, 누군가의 고통 앞에서 말을 아끼는 존재가 될 수 있다고.

스물네 번째 감응

그 운명 앞에서, 나의 문해력을 묻는다

유시민, 『그의 운명에 대한 아주 개인적인 생각』

그의 운명, 나의 기억

어느 날, 이 책을 읽으며

오래된 기억 몇개를 꺼내들었다.

잊었다고 믿었지만, 혹은 애써 잊은 척했던

'말이 통하지 않았던 순간들',

'누군가를 비난하면서도 어딘가는 또 불편했던 감정들',

그리고…

'이건 좀 아닌데'라고 속으로 중얼거리면서도 말하지 못했던 순간들.

저자 유시민은 어느 한 사람의 '운명'을 말한다지만,
나는 이 책에서
우리 사회 전체가 쌓아 올린 오해와 편견, 침묵과 비난의 구조를 보았다.
'그의 운명'은
결국 우리 모두의 문해력에 대한 이야기였다.

공정이라는 이름의 분노

"불완전한 선을 위선이라 비난하는 방식으로 공정과 상식이라는 의제를 차지했다."
이 문장을 읽고 나는 잠시 숨을 멈췄다.
정말이지, 숨을 한 박자 쉬고 나서야 다시 읽었다.

요즘의 '공정'은 무언가를 바로잡는 기준이 아니라
누군가를 찌르고 조롱하기 위한 칼날처럼 느껴진다.
공정은 공적 정의라기보다는 개인 감정의 언어가 되어버렸다.
그리고 이 불안한 감정은 뉴스를 타고, 유튜브를 타고, 댓글과 밈으로 재생산되어
사회를 갈라놓고, 모두의 마음을 마비시킨다.

책을 읽으며 한가지를 더 깨달았다.
우리는 '공정'에 대해 말하고 있는 게 아니었다.

우리는 '억울함'에 대해 말하고 싶었던 것이다.

문해력이라는 말 없는 절규

이 책에서 내가 가장 깊게 감응한 것은
공정보다 '문해력'이었다.
나는 청소년들과 함께 인문학 토론을 준비한 적이 있다.
그때 느낀 막막함이랄까.
다섯 줄만 넘어가도 이해하지 못하는 아이들과,
그들이 사용하는 단어가 공기처럼 흘러다녔다.

그러나 아이들이 다시 손으로 글을 쓰고,
자신의 언어로 세상을 말하려 애쓸 때
나는 아이들의 감응의 가능성을 보았다.

문해력은 단지 책을 읽는 능력이 아니다.
세상을 읽는 힘,
타인의 입장을 '읽어주는' 감수성이다.
나는 생각했다.
지금 우리 사회의 고통,

이 극단과 분열의 근원에는 '읽지 못함'이라는 문해력 결핍이 아닌
감정적 결핍이 또아리를 틀고 있는 건 아닐까.

정치란 남루한 일상과의 동거

이 책에서 저자는 다음과 같이 말한다.
"정치의 목적은 위대하지만, 일상은 남루하다."
이 얼마나 슬프고도 진실된 말인가.
우리는 정치인을 '구원자'처럼 바라보다가
그들이 '우리의 기대'를 다 채워주지 못하면 쉽게 '타락자'로 내몬다.

책 속에서 지목된 최고 권력자의 이야기.
'그'의 언어,
'그'의 말하기 방식,
'그'의 어휘선택은 단지 한 개인의 문제가 아니다.
문해력 없는 리더는 공동체 전체의 소통 능력을 갉아먹는다.
말이 닿지 않는 사회는 그 자체로 위기다.

감응은 읽는 힘이다

『그의 운명에 대한 아주 개인적인 생각』은
한 정치인의 이야기이자 한 시민의 고백이다.

공정이라는 말이
분노로만 소비되지 않으려면,
진보와 보수의 프레임이 비난과 조롱으로만 끝나지 않으려면,
우리는 다시 읽는 사람, 묻는 사람, 듣는 사람이 되어야 한다.
그렇게 말이 다시 살아 움직이는 사회,
그 사회의 희망은 아이들의 종이책 위에서 시작될지도 모른다.

5부. 삶과 감응
― 개인의 운명과 시대의 질문 사이에서

스물다섯 번째 감응

바다를 쓴 사람, 사람을 닮은 문학

남송우, 『향파 이주홍선생의 다양한 편모』

그는 문학을 등불삼아 살았다

내가 향파의 문장을 처음 읽었을 때
마치 낡은 부표를 붙잡고
기억 속 바다를 되짚는 기분이었다.

어디선가 본 듯한,
그러나 누구도 끝내 말하지 않았던 표정들.
그 표정이 향파의 글에는 있었다.
지나간 시간의 껍질 속에서

그는 여전히 아이들을, 사람을, 바다를 쓰고 있었다.

비평가 남송우의 『향파 이주홍선생의 다양한 편모』는
단순한 평전이 아니다.
그것은 사라진 문학정신을 향한 부채의 기록,
그리고 지역이라는 이름의 시간과 사람에 대한 오랜 애정이다.

부산이라는 이름의 기억

지난 9월의 어느 강연장에서 나는
부산이라는 도시가 품고 있던
'말해지지 않은 문학들'을 만났다.

1950년대 후반,
전쟁과 분단, 검열과 통제라는 시대의 폭력 속에서
부산의 문학인들은
종이와 펜을 들고 도시의 숨을 써내려갔다.

〈문필〉, 〈문학시대〉, 〈윤좌〉, 〈시민시대〉…
그 이름들은 한 줄씩 흐려진 기록이었지만

그 위에는 지역을 살리고자 했던 인간들의 울분과 사랑이 새겨져 있었다.

그 흐름 속에서 향파 이주홍은
'한 사람'의 문학이 아니라
'한 시대'를 끌어안은 문학인으로 우뚝 서 있었다.

그의 문학은 바다를 품고 있었다

바다는 향파에게 단순한 배경이 아니었다.
그는 바다를 인간의 내면처럼 읽어내려 했다.
폐쇄된 내륙의 감정 구조를
열려 있는 수평선으로 바꾸고 싶어 했고
문학으로 바다를 개방하는 꿈을 품었다.

"쇄국적으로 굳어있는 겨레의 좁은 시야를
자유의 보고인 바다의 활무대로 넓혀주어야 한다."

그는 말한다.
해양문학은 기다리는 게 아니라
먼저 항해를 떠나야 한다고.

먼저 써야 하고
먼저 말해야 한다고.

그가 문학을 향해 나아갔던 이유는
바로 거기에 있었다.
문학은 기다리는 것이 아니라
먼저 건너가는 일이기 때문이다.

아동문학은 가장 낮은 자의 문학

향파는 자신이 아동문학가라는 이름으로 불리는 것을
자랑스러워했다.
아니, 그 이름을 가장 사랑했다.

가난했던 그에게 문학은 유년의 상실을 메워주는 동반자였다.
그의 문학이
'아이들을 위한' 문학이 아니라
'아이들 안에 숨겨진 사람들'을 위한 문학이었던 이유이다.

그의 동화 속 인물들은

한결같이 울고 웃고 절망하고 희망하는 평범한 사람들이다.
향파는 그 평범함을 자신만의 감각으로 써내려갔다.

문학은 어떻게 인간을 다시 쓰는가

향파의 문학은 결국
인간을 다시 쓰려는 시도였다.

그는 말한다.
"너무나도 빈 껍질로 살아온 길,
정말 부끄럽구려."

삶을 문장으로 덮으려 했던 그 겸허함,
자신을 정직하게 바라보는 용기,
그리고 자신보다 더 낮은 이들을 위한 문학…
그는 자신을 증명하려 하지 않았다.
대신, 문학이 인간을 증명해주기를 바랐다.

감응은 자리값을 묻는 일이다

저자 남송우가 복원해준 향파의 발자국을 따라가다 보면
'자리값'이라는 단어가 자꾸 떠오른다.

우리는 지금,
얼마나 많은 '자리'를 차지한 채
아무것도 남기지 않고 떠나는가.
그 자리는 무엇이었고,
그 값은 또 어떻게 치러졌을까.

이 책은 말한다.
문학은
'자리값을 치르려는 성실함'에서 나온다고.
향파는
그 성실함으로 생을 견뎌낸 사람이라고.

스물여섯 번째 감응

미완의 여정, 그러나 타올랐던 존재

남송우, 『고석규 평전』

그 이름이 너무 늦게 도착했다

'고석규'라는 이름은 내게 한참 늦게 도착했다.
그는 오래전 세상을 떠났고,
그의 글은 반세기를 건너
누군가의 손에 이끌려 다시 세상으로 나왔다.

『고석규 평전』은 그런 늦은 기억의 한 장면이다.
스물여섯해라는 짧은 시간을 머물다 간
어느 비평가의 이름을 되살리는 이 평전이

단순히 먼저 떠난 고인을 기리는 서술로 그치지 않는 이유는,
이 책이
'기억하는 자의 윤리'에 관한 이야기이기 때문이다.
저자 남송우는 그 윤리를
글로, 사람으로, 평생의 작업으로 지켜냈다.

비평은 살아 있는 사람을 기억하는 방식이다

고석규는 우리 문단의 '숨겨진 이름'이었다.
잊힌 것은 아니었지만
기록되지 않은 이름이었다.

그는 윤동주를 논하며 '시인의 역설'을 썼고,
전후 한국문학의 실존적 책갈피를 찢어내듯 살았다.

그가 쓴 글보다
더 많은 글들을 쓸 수 있었을 가능성이 못내 아쉬우면서도
그 가능성은 요절이라는 비극 속에서
더욱 빛났다.

저자 남송우는 말한다.

"비극을 가능성으로 복원하는 것이 이 평전이 하고자 했던 일이다."

사라진 사람의 곁에서 오래 머무른 사람들

『고석규 평전』을 위해,
한 명의 비평가를 세상에 불러내기 위해,
저자는 함흥의 기억을 좇았고
1950년대 부산의 거리에서
고석규가 걸었을 풍경을 그려냈다.

그 과정에서 고석규의 유고를 모아낸 사람들,
그의 글을 끝까지 지켜온 사람들이 있었다.
그들의 마음은 아마도 한결같았을 것이다.
"지워지지 않도록, 사라지지 않도록."

비평은 역사와 개인이 만나는 장소

고석규는 짧은 생애 동안

'문학과 삶이 만나는 가장 치열한 자리'로
비평을 선택했다.

그는 시를 사랑했고,
침묵의 시에서 시대의 통증을 껴안았지만.
그에게 비평은 상처를 견디는 언어였고,
절망을 부끄러워하지 않는 문학의 다른 이름이었다.

그가 쓴 문장은
겨울의 해안선을 혼자서 뚜벅뚜벅 내딛는 걸음 같았다.

문학관이라는 이름의 기억공간

『고석규 평전』은
고석규비평문학관이라는 '기억의 장소'를 현실로 만들었다.

문학관이란,
단지 전시와 관람의 장소가 아니라
침묵한 이름에게 말을 되돌려주는 공간이다.

『고석규 평전』은 전기이지만

그 이전에 비평이다.

평전이란 결국,

한 인물의 생을 어떻게 읽을 것인가에 대한 글쓰기의 실험이자

그 인물과 시대를 함께 재구성하는 감응의 작업이지 않은가.

고석규라는 한 인물을 통해

1950년대 한국의 '불안한 시간'과

지금 이 순간 우리의 '기억 감각'이 이어진다.

『고석규 평전』은

잊히는 자들의 언어를 되살리는 감응의 문서이며

침묵을 견딘 시간들을 위한 평전시대의 서문이다.

이제 우리는 이 평전을 통해

다시 한 사람의 생을 만지고,

그가 쓰고자 했던 세계를 기억한다.

그 세계는

우리 각자의 내면에도 아직 말해지지 않은,

또 다른 고석규들이 살고 있음을 가르쳐 준다.

스물일곱 번째 감응

그들이 도착한 곳에, 우리는 말을 건넬 수 있을까

고석규비평문학관 청소년비평학교, 『청소년 비평의 세계』

말은 늘 늦게 도착하지만, 어떤 말은 먼저 자란다

말은 종종 늦게 도착한다.
생각보다, 감정보다,
몸이 먼저 울고 있었던 순간보다 늦게.

그런데
어떤 말은 먼저 도착한다.
기성세대의 언어를 기다리지 않고
시대의 교과서를 참조하지 않고

그들만의 시선과 호흡으로,
'먼저 살아낸 감각'이 글이 된다.

『청소년 비평의 세계』는
그렇게 먼저 자라버린 말들의 집합이다.

페르세우스의 방패가 필요 없는 아이들

조르주 디디-위베르만은 페르세우스를 예찬했다.
거울을 통해 메두사를 본,
'다르게 보는 용기'의 상징.

하지만 이 책에 실린
청소년들의 문장은 그런 방패조차 사용하지 않는다.
그들은 메두사를 '바라본다'.
외면하지 않고, 돌이 되는 것을 두려워하지 않고,
그저 자기 자리에서 말한다.

"행복은 이가 빠진 동그라미의 자유로운 부분에서 찾을 수 있다."
한 줄의 문장에서 나는 눈을 번쩍 떴다.

이 문장은,
속도를 늦추는 법을 몰랐던 나를 되돌아보게 한다.

그들은 이미 '비평'을 시작했다

'비평은 판단이고 평가이다.'
청비의 아이들은
'평가'가 아닌 '해석'을 하고 있었다.
'나는 이 작품을 이렇게 읽는다.'
'나는 나의 시간을 이렇게 해석한다.'
'나는 말하고 싶다.'

이 얼마나 용감한 고백인가.
이들에게 비평은 어느새
교과서를 익히는 기술이 아니라
자신들의 삶의 방식을 해석하는 도구가 되어 있었다.

안서현(17세)은 말한다.
"읽고 쓰는 것이 하나의 연결 상에 있는 것처럼, 비평은 쓰기의 과정에 색을 더하는 것이다."

그들은 '나'로 시작해 '우리'로 가는 법을 알고 있다

청소년들의 비평은

철저히 자기 자리에서 출발한다.

그러나 그들은 그 자리에서만 머물지 않는다.

'공감'이 아닌, '감응'의 방식으로

타인의 시선과 세계를 들여다본다.

"세상과 불화하는 분열된 자기"를 직면하며

그들은 자신을 꾸며내지 않고

그저 있는 그대로의 언어로 표현한다.

그리고 그 글들은

우리 사회의 청소년관이

얼마나 왜곡되어 있는지를 거울처럼 비춘다.

나는 어디서 말을 잃었는가, 그리고 아이들은 어디서 말을 얻었는가

나의 10대를 돌아보았다.

불안하고, 우울했고,
'나'라는 말에 경계를 그리지 못한 채
문장과 문장 사이를 헤매던 시절.

그러나 지금의 아이들은
자신의 언어를 만든다.
이해받지 못할지도 모르는 문장에도
주저하지 않는다.

그들은 나보다 먼저,
말의 주인이 되었다.

'청소년을 위하여'가 아니라, '청소년 그 자체'로

아동학자 혼다 마스코는 말한다.
"'어린이를 위하여'라는 말은, 종종 어린이를 사라지게 만든다."

청소년을 위한다는 말로

청소년의 자리를 빼앗아온 건
어쩌면 기성세대의 말이었다.
『청소년 비평의 세계』는
그 허위의 언어를 걷어내고
청소년이라는 존재 자체를
존재의 언어로 새기려는 시도다.

이 책은
'누구를 위한 비평인가'라는 질문 앞에
한 번 더 질문을 던진다.

"비평은 누구의 말이어야 하는가?"

『청소년 비평의 세계』는
아이들의 문장이 얼마나 단단하고 섬세한지를 증명한다.
그들은 더 이상 미래가 아니다.
지금, 여기서 이미 한 시대를 감각하는 존재들이다.

그들이 먼저 말을 시작했고,
우리는 이제

조심스레 귀 기울여 그 말을 들어야 할 시간이다.

감응하며 듣는 일.

그것이 우리가 이 책 앞에 서야 하는 이유다.

스물여덟 번째 감응

돌봄이 진실을 묻다

김현미 외 10인, 『돌봄이 돌보는 세계』

재난은 돌봄을 묻는다

"팬데믹 이후"라는 말은 마치 팬데믹이 끝났다는 듯이 들린다.
그러나 우리 삶은 여전히 그 안에 있다.
무엇이 지나간 것인지조차 가늠할 수 없는 나날.
그 긴 어둠을 뚫고 다가온 단 하나의 진실이 있다면
돌봄 없이는 누구도 살아갈 수 없다는 것이다.

학교도, 유치원도, 병원도 닫혔다.
무너진 일상의 폐허 속에서

우리는 서로를 지탱하던 '보이지 않던 손들'을
처음으로 본 것이다.

돌봄은 언제나 있었지만, 누구도 그것을 보지 않았다

『돌봄이 돌보는 세계』는 그런 손들을 하나씩 꺼내 보여준다.
아프다는 이유로,
늙었다는 이유로,
혼자 살고 있다는 이유로,
자신의 몸을 책임지지 못한다는 이유로
가려지고 무시되던 존재들.

돌봄은 있었지만
그것은 늘 어떤 이들의 책임,
어떤 이들의 희생,
어떤 이들의 사랑으로
몰아넣어졌다.

돌봄은 왜 노동이 될 수 없었을까?
왜 가족은 돌봄의 최후 책임자가 되어야 했을까?

왜 여성만이 그 돌봄의 중심이어야 했을까?

나는 아버지를 잃고 나서야 아버지를 보았다

아버지가 돌아가셨다.

폐렴으로, 바이러스로,

그리고 이 사회의 무심함으로.

그 죽음은 결코 '갑작스러움'만으로 설명되지 않는다.

몇 번의 교통사고, 몇 번의 수술,

그 안에 고여 있던 무수한 통증들이

어느 날 하나의 거대한 몰락으로 몰려왔다.

나는

아버지의 닳은 팔꿈치를 처음 보았다.

욕창으로 뒤덮인 등,

철심이 남긴 상흔,

그의 육체가 말하고 있던 수많은 고통의 말들을

죽음 이후에야 읽을 수 있었다.

그리고 비로소,

돌봄은 존재의 해석임을 깨달았다.

그는 몸으로 나에게 외치고 있었던 것이다.
도와달라고, 함께 있어달라고.

이 책을 통해 나는 '나의 무지'를 마주한다

『돌봄이 돌보는 세계』는
돌봄의 위기가 아니라
돌봄의 부정의에 대해 말한다.

나는 이 책을 읽으며
내가 얼마나 돌봄이라는 현실에서 멀어져 있었는지를 알게 되었다.

조현병을 겪는 당사자의 말,
심장질환자로 자신을 스스로 등록해야하는 이의 말,
신체의 규범을 조금씩은 벗어나 있는 사람들의 존재 방식이
내겐 처음 접하는 생소한 언어이자 진실의 다른 얼굴이었다.

건강하다는 이유로
비장애인이라는 이유로
나는 그들의 세계를 '이해하려고조차' 하지 않았던 것이다.

돌봄은 의존이 아니라, 새로운 윤리의 이름이다

우리는 '독립적인 인간'만을 성숙하다고 말한다.
그러나 살아 있는 모든 존재는 의존적이다.
『돌봄이 돌보는 세계』는 그 구조를 뒤집는다.
"의존은 열등이 아니다."
"눈치보지 않아도 되는 돌봄을 원한다."

이 책은 돌봄을 '대신해달라'고 말하지 않는다.
그보다는 우리 사회가
어떻게 돌봄을 '무가치하게' 다뤄왔는지를 냉정하게 폭로한다.
그리고 그 폭로를 넘어
다른 질서의 가능성을 열어젖힌다.

아버지의 부재는 나에게 말한다 — 너는 지금 어디쯤에 있느냐고

죽음을 앞두고 있는 사람,
거동이 불편한 사람,
혼자서 밥을 먹을 수 조차 없는 사람,
그런 이들을 우리는 '특수사례'라고 부른다.

5부. 삶과 감응
— 개인의 운명과 시대의 질문 사이에서

그러나 나는 묻고 싶다.
과연 그들이 예외인가?
아니면 우리가 언젠가 도달할 '보편의 미래'인가?

아버지의 죽음은 나에게
돌봄이 사회적 실천이자, 철학적 사유이며
감정적 응답임을 알려주었다.

그 응답은 아직 시작되지 않았다.
그래서 나는 이 책을 다시 펼친다.
돌봄을 중심으로 체제를 바꾸는 그 일에
나는 나의 서사로 응답할 것이기에.

슬로건은 여전히 유효하다
(『돌봄이 돌보는 세계』속 다른 몸들의 외침을 기억하며)

돌봄이 필요한 몸은 열등한 몸이 아니다!
돌봄에는 시장이 아니라 국가가 필요하다!
돌봄의 성별성을 해체하라!
괴물 같은 성장이 아니라, 탈성장과 돌봄을 원한다!

돌봄을 중심으로 체제를 전환하자!

『돌봄이 돌보는 세계』는 나에게
"네가 침묵했던 영역이
바로 가장 정직해야 할 자리였다"는 걸 알려주었다.

나는 이제야 돌봄 앞에 고개를 숙인다.
그건 죄책감이 아니라
다시 살아보기 위한,
감응의 시작이다.

스물아홉 번째 감응

허무와 함께 걷는 법

김영민, 『인생의 허무를 어떻게 할 것인가』

길을 잃는 계절, 오래된 책 한 권

피로가 채 가시지 않는 5월의 나날들.
문득 손에 들어온 한 권의 책은 '이달의 책'이라기엔 이미 늦어버린,
그러나 그 늦음이 오히려 더 진하게 다가오는 문장들로 가득 차 있었다.

『인생의 허무를 어떻게 할 것인가』
이 책을 이리 설명하면 될까.
정치학을 가르치는 대학교수가,
삶의 무력감과 희망의 균열을 응시하며 써내려간 에세이.

책은 단테의 어두운 숲에서 시작한다.
"죽음도 그보다 덜 쓸 것이다."
그 숲은 나의 5월이기도 했다.

허무는 정치다 — 부산에서 느낀 이상한 슬픔

책장을 넘기던 나는 불현듯
5월 2일, 부산시청 본회의장의 풍경을 떠올렸다.
도시의 상징인 시기(市旗)를 둘러싼 표절 논란과 그들간의 공모한 침묵들.
이념도 분노도 없는 회의장은 왠지 모를 상처로 남았다.

저자는 말한다.
정치는 결국 시간과 싸우는 일이라고.

희망을 발명하고
의미를 발명하며
선의를 향해 나아가는 그 느린 걸음이
인간의 조건이라면,
정치는 그 조건의 틈을 지켜내야 한다.

거품처럼 존재하는 우리 — 호모 불라(Homo bulla)

저자는 말한다.

인간은 거품이라고.

Homo bulla.

아침 세면대 거울 앞에서,

얼굴에 거품을 묻히며 문득

"나는 존재하는가?"

"나는 아름다운가?"

"나는 꺼져가고 있는가?"

그 모든 질문이 동시에 떠올랐다.

거품은 있다.

그러나 '확고'하게 있는 걸까.

거품 같은 삶을 살아가는 우리들일지라도

허무가 허무로 끝나지 않는 이유는,

허무는 그 모든 찰나가 지닌 빛남과 사라짐의 명징한 이름이기 때문이다.

삶은 폐허 위에서 다시 시작된다

삶은 온전하지 않다.
우리가 발 디딘 현재는
부서진 과거의 잔해로 이루어져 있다.

그럼에도
우리는 다시 그 위에 선다.
돌이킬 수 없는 폐허의 자리에
삶의 텃밭을 일구며
다시 시작하는 존재,
그게 인간이다.

허무는 부재가 아니다.
허무는 잔재이다.
영혼의 피 냄새처럼 지워지지 않는 흔적.
비평가 김현은 말한다.
"빗질 자국이 남은 마당이 더 깨끗해 보인다."
나는 그 말을 이렇게 오독하고 싶다.
허무는 우리가 존재했던 자리의 흔적이라고.
남김없이 살아낸 자만이 남길 수 있는 슬픔의 자취라고.

산책이라는 구원 — 존재의 휴가

저자는 산책 중독자다.
날씨를 살피고 복장을 고르고 길을 나선다.
그에게 산책은 목적 없는 의식,
존재에게 부여된 잠시의 휴가다.

나는 그런 산책을 해본 적이 있었나?
계획도 목적도 없이,
단지 존재하기 위해 걷는 시간.

그 무목적의 시간이야말로
허무와 가장 가까운 곳에서
인간을 회복시킬 수 있는 유일한 예식인지도 모른다.

나의 허무 퇴치법

나는 지난 5월 2일의 무기력함을 겪으며
나만의 허무 퇴치법을 생각해보았다.
시간을, 침묵을, 무의미를

단지 견뎌야 할 뿐일지라도
나는
끝내 살아내보려 한다.
나만의 속도로
나만의 질문을 안고.

시간이 결국 나의 유일한 적일 것이다.
그러나 나는 그 적과도 근사한 동행을 해볼 참이다.

서른 번째 감응

혼자라는 방식으로, 함께 늙어가는 일

김희경, 『에이징 솔로 : 혼자를 선택한 사람들은 어떻게 나이 드는가』

한 사람의 생애가 시대를 말해줄 수 있다면

혼자 사는 사람들의 수가
부부와 자녀로 구성된 '정상가족'의 수를 넘어섰다고 한다.
이제는 3가구 중 1가구가 '혼자'다.
그럼에도 이상하다.
'혼자'는 여전히 어딘가 비정상적인 것, 고장 난 사회의 증거물처럼 이야기된다.
혼자 사는 삶은 그 자체로 증명해야 하고,
혼자 늙는 일은 애초에 잘못된 선택의 결말처럼 간주된다.

그러나 나는 점점 확신하게 된다.

한 사람의 생애가 시대를 말해줄 수 있다면

그것은 '혼자 사는 사람'의 이야기일 것이다.

늙어가는 고독, 고립된 존엄

『에이징 솔로』는

결혼하지 않았고 자녀가 없으며

그럼에도 당당하게 자신의 삶을 살아가는 중년 여성 19인의 이야기다.

이 책은 그런 여성들을 "극단적 예외"가 아닌

한국 사회의 보통명사로 떠오르는 미래라고 말한다.

그들의 삶은 다정하지 않았다.

아플 때 병원은 '법적 가족'이 있는지 묻는다.

수술실 앞에서, 동의서 한 장 앞에서,

성인 여성은 성인 취급을 받지 못했다.

보호자가 없다는 이유로.

혼자라는 이유로.

그들이 마주한 건,

시스템의 거부와 제도의 불인정이었다.
돌봄의 권리도, 의사결정의 권리도,
여전히 '가족'을 중심으로 배분되는 이 사회에서
그들은 '없는 사람'처럼 취급받았다.

혼자이면서 함께 — 새로운 삶의 감각

"나는 이 세계에 소속돼 있어요. 필요한 만큼.
그리고 분리돼 있어요. 소외감을 느끼지 않을 만큼."

책 속 한 인터뷰이의 이 말 앞에서
나는 오래 멈췄다.

혼자라는 방식으로 세상과 연결되는 감각.
그것은 누구의 보호자도, 누구의 소유도 되지 않으면서
타인과 얇고 투명하게 연결되어 살아가는 방식이다.

'홀로이면서 함께(Alone Together)'라는 말은,
이 시대에 우리가 살아갈 수 있는 새로운 인간관계의 윤리처럼 느껴진다.

혼삶은 '결핍'이 아닌 또 하나의 '지향'

나는 책 속 여성들의 목소리를 읽으며
자주 나의 시간을 되돌아보게 되었다.

혼자 사는 삶이 늘 가볍거나 자유로운 건 아니다.
그러나 그 삶은 누군가의 그림자 속에 머물지 않는 삶이다.
이들은 말한다.
결혼하지 않았다고 해서
세속의 과제들로부터 면제받은 적은 없다고.

그렇기에 그들의 삶은 언제나 자기 삶의 전면에 서 있는 삶이었다.
돌봄도, 생계도, 노년도 스스로 책임져야 했고
그러면서도 타인을 위해 손을 내밀어야 했다.

혼삶은 결핍의 이야기가 아니다.
그것은 자신이 선택한 삶의 구조를 책임지며 살아가는 존재의 태도다.
그 태도는 때로 부정당하고, 왜곡되고, 조롱당했지만
그럼에도 흔들리지 않는 존엄을 지니고 있다.

5부. 삶과 감응
— 개인의 운명과 시대의 질문 사이에서

제도가 지연하는 변화, 존재가 앞서가는 진실

우리 사회는 여전히 법적 가족 중심의 복지와 돌봄 체계를 고수하고 있다.
신탁제도도, 임의후견제도도 존재하지만
복잡한 절차와 낯선 용어 속에서
대부분의 사람들은 여전히 혼자 죽어가는 법을 모른다.

그러나 존재는 제도보다 앞선다.
삶은 법이 인정하든 말든
이미 그렇게 살아지고 있다.

나는 이 책을 읽으며 더 절실해졌다.
더 늦기 전에 바뀌어야 한다.
누군가의 인생을 법적으로 '미정의 된 존재'로 남겨두는
이 사회의 관성은 이제 멈춰야 한다.
나는 이 책에서 만난 거의 모든 이야기가 내 안의 이야기였다.
가끔은 나 자신이 이 책의 한 챕터 속 인물처럼 느껴졌다.
그래서 이 책은
통계나 인터뷰의 집합이 아니라
삶을 통과한 감정의 기록으로 다가왔다.
나는 이 세계에 필요한 만큼 소속되기를 바란다.

그리고

외롭지 않을 만큼 분리되기를 바란다.

누구에게나 삶은 짐이고, 선물이며, 고통이다.

그러니 이제는 우리가 누가 누구의 보호자인지를 따지기 전에

서로의 존재를 가볍게 껴안을 수 있어야 하지 않을까

사랑나무 A beloved tree
순은, 칠보, 정은 fine silver foil, enameling, sterling silver
60×100×10 mm, 2009

6부. 사유와 감응
— 감응의 사유를 향한 여정

서른한 번째 감응

얼굴을 되찾는 저항

조르조 아감벤(박문정 옮김), 『저항할 권리 — 우리는 어디쯤에 있는가』

우리는 지금 어디쯤 와 있는가

예외상태가 '일상'이 되었다.

숨을 쉬는 일, 서로의 눈을 마주보는 일, 죽은 이를 애도하는 일…

모두가 '관리'되고, '허용'되어야 가능한 일이 되었다.

그 순간부터 정치적 인간은 비가시화되기 시작했다.

아감벤은 이를 "뉴노멀의 묵시적 도래"라고 부른다.

나는 아감벤의 책을 넘기며 내 얼굴을 만졌다.

긴장과 조심, 처벌과 거리두기의 나날 속에서

우리는 너무도 조용히 '자기 얼굴'을 잃었다.

얼굴은 단순히 눈코입의 배열이 아니라

존재를 공유하겠다는 선언이자 인간 정치의 출발점이다.

레밍의 추락과 인간의 자기포기

아감벤은 어느 날, 북유럽 툰드라의 작은 생명체 레밍에 주목한다.

이들은 이유 없이, 신호도 없이, 집단으로 죽음에 이른다.

그 죽음을 막을 명분도, 방향도, 저항도 없다.

아감벤은 인류가 그 레밍의 길을 걷고 있다고 말한다.

물질적 생존에만 매달리는 인간,

삶의 명분이 사라진 인간,

정치 없이 '관리'만 되는 인간,

그들은 살아 있는 생물이되 더 이상 인간적이지 않은 존재들이다.

얼굴 없는 인간은 정치할 수 없다

"얼굴은 정치의 장소다."
— 아감벤, 「얼굴과 죽음」

얼굴을 가리는 마스크는 단지 감염 예방의 수단이 아니었다.

그것은 인간 사이의 정치적 접촉을 단절하는 장치였다.

우리는 얼굴을 통해 말하고,

얼굴을 통해 슬퍼하며,

얼굴을 통해 타인을 느낀다.

얼굴이 없으면 추모도, 사랑도, 분노도, 연대도 성립되지 않는다.

그저 메시지를 교환하고, 정보를 수신하며, 감시에 순응한다.

얼굴을 잃은 사회는 죽은 자와의 관계도 소멸시킨다.

그 죽음은 이제 의미 없는 숫자가 되고,

우리는 아무런 의례도 없이

아무런 공동체적 장례도 없이

그들을 잃고 있다.

사랑의 폐지, 이성의 폐지, 인간의 폐지

사랑이 폐지되었다, 보건의 명분으로
자유가 폐지되었다, 의학의 명분으로
신이 폐지되었다, 이성의 명분으로
인류가 폐지되었다, 생명의 명분으로
— 2020.11.6, 조르조 아감벤

이 시 같은 문장을 읽으며
나는 무언가를 통째로 도둑맞은 느낌이 들었다.
사랑, 자유, 신, 인간, 진실…
이 모든 것들이 '명분'을 위해 폐지되는 사회.
그런데 그 '명분'은
언제나 상황을 통제하는 권력의 언어다.

우리는 그 언어에 항의하지 못했고
항의하지 않는다는 사실조차 잊어갔다.
이 시는 팬데믹을 살아낸
우리 모두의 자화상이다.

예외의 시대, 침묵하는 저항자들

나는 팬데믹 동안 스스로를 '순응하는 시민'으로 여겼다.
그러나 아감벤은 이 때조차도, 질문을 던진다.
정말 순응이었는가, 아니면 포기였는가.
예외상태가 구조가 되는 순간
민주주의는 더 이상 기능하지 않는다.

그는 묻는다.
"우리는 어디쯤에 와 있는가?"
나는 되묻는다.
"우리는 아직 저항할 수 있을까?"

나는 이 책을 읽으며,
아감벤의 사유보다도 그의 '불안'에 감응했다.
그 불안은
어느 늙은 철학자가 미래를 너무도 선명히 알아버린 데서 오는 예감의 정서였다.

그는 격렬하게 경고하지 않는다.
대신 끊임없이 되묻는다.
"이것이 정말 삶인가?"

그 질문 앞에서,
나는 오래 침묵할 수밖에 없었다.
그리고 그 침묵이 내 안에서,
비로소 저항의 첫 언어가 되었다.

서른두 번째 감응

리터러시는 살아 있다

김성우·엄기호, 『유트브는 책을 집어삼킬 것인가』

나는 '말귀'를 알아듣는 사람이고 싶다

"개떡같이 말해도, 찰떡같이 알아들을게."
이 말은 내가 가르치는 일을 하면서 자주 꺼내는 말이었다.
이 말이 던지는 울림은 생각보다 작지않다.

비평문학관에서 청소년들과 함께 글을 쓰고,
서툰 문장에 귀를 기울이며 나는 자주 생각했다.
'찰떡같이 알아듣는 일', 그것이야말로 리터러시의 출발점이 아닐까.

이 책은 그런 질문에서 출발한다.
『유트브는 책을 집어삼킬 것인가』.
다소 자극적인 제목이지만
그 물음은 결국 같은 자리로 우리를 데려다 준다.
우리는 지금, 어떻게 말을 듣고 있는가.
그리고 어떻게 말을, 글을, 영상을 '이해하고 있는가'.

'글'을 잃고 '감각'을 얻은 아이들

아이들은 이제 책보다 유튜브를 먼저 켠다.
세계의 지식은 그들에게 영상의 형식으로 다가온다.
텍스트는 느리고, 불편하며, 시험을 위한 도구일 뿐이다.

리터러시란 더 이상
'글을 얼마나 많이 읽고 쓰는가'의 문제가 아니다.
어떤 감각을 열어두고, 무엇을 알아듣고,
어떤 방식으로 세상과 연결되는가의 문제다.

영상과 채팅으로 대화하는 아이들은
글보다 훨씬 민감하게 '감정의 뉘앙스'를 감지하고

문자 대신 이모티콘으로 감정을 전송한다.
이것이 곧 리터러시의 '변신'이다.

리터러시는 삶을 변신시키는 기술이다

이 책은 말한다.
"리터러시란 변신의 역량이다."
그래, 나에게도 책은
한 시절의 탈피였고
무늬를 바꾸는 기술이었으며
다른 삶으로의 도약이었다.

사람은 글을 쓰며 자신을 다시 발명한다.
그리고 타인의 글을 읽으며
전혀 다른 삶과 손을 맞잡는다.
리터러시란 그 연결의 언어다.
삶의 감각이자 인간됨의 기술이다.

텍스트는 사라지는가?

이 책의 대답은 명확하다.
"No! 리터러시는 사라지지 않는다."

오히려 되묻는다.
"지금 우리가 걱정하는 것은
글을 읽지 않는 아이들인가,
아니면 우리의 방식이 더는 통하지 않는다는 자각인가?"

중세인들이 말에서 글로 넘어올 때 느낀 위기처럼
지금 우리는 텍스트 중심의 리터러시에서
멀티모달 리터러시로 넘어가는 문턱에 서 있다.
그 변화는 불안하지만
그렇기에 더 많은 질문과 성찰이 필요한 시기다.

삶에 복무하는 리터러시를 위하여

이제 리터러시의 윤리를 묻는 시대에 와 있다.
더 많이 읽고 더 길게 쓰는 것이 아니라

무엇을 어떻게 이해하고, 누구와 나누는가.
그것이 리터러시의 질문이 되어야 한다.

읽고, 쓸 수 있다는 것.
그것은 단지 능력이 아니라
관계의 감각이고 타자성과의 접속이며
지금 여기에서 나를 살아내는 방식이다.

서른세 번째 감응

읽는 뇌와 인간됨의 마지막 보루에 대하여

매리언 울프(전병근 옮김), 『다시, 책으로』

아무도 읽지 않으면서, 모두가 책을 말한다

아이들에게 묻는다.
"왜 책을 읽으려 해?"
그러면 아이들은 말한다.
"중요하니까요."
"좋은 사람이 되고 싶어서요."
"마음의 양식이래요."

그 대답이 낯설지 않다.

그건 어쩌면 나도, 당신도, 우리가 그렇게 배워왔기 때문이다.
하지만 정말 그렇게 믿는가.
책은 여전히 우리의 마음을, 세계를, 윤리를 형성하는가.

누구나 책을 말하지만, 아무도 책을 읽지 않는 풍경.
그곳에서 이 책은 작게, 그러나 단단하게 말한다.
다시, 책으로.
그 말이 왜 이토록 간절한가.

읽는다는 것은, 인간이 되는 일이다

매리언 울프는 말한다.
인간은 책을 읽도록 태어나지 않았다.
읽는다는 것은 뇌가 스스로를 재조직하는 기적이며
그것은 진화적 필연이 아닌 문화적 발명이다.

'읽는 뇌'는 없다.
배워야만, 훈련해야만, 연결되어야만 구축되는 것이다.
그리고 그 뇌는 단지 정보를 해석하는 기계가 아니라
느끼고 상상하고 공감하고 판단하는 인간의 심연을 구성한다.

읽는다는 것,
그것은 문자 너머의 세계를 이해하는 '깊이의 기술'이다.

깊이 읽는 뇌가 사라진다

디지털 세계는 우리에게 속도와 연결망을 주었다.
그러나 그 댓가도 컸다.
깊이 사고하는 능력, 결을 헤아리는 감정,
타자의 세계에 들어가는 상상력이 줄어들었다.

청소년들의 뇌는
이제 정보를 '저장'하지 않고
그저 '검색'하려 한다.
기억은 휘발되고 집중은 짧아지며
감정은 텍스트가 아니라 이미지와 자극에 반응한다.

읽기란 기술이기에,
배우지 않으면 잃는다.
그리고 그 기술은 단순한 기능이 아니라
인간됨의 조건이었다는 것을 우리는 망각해선 안된다.

주의력은 윤리다

수전 손택은 말했다.
"도덕적 인간이 된다는 것은
모종의 주의를 기울이는 것이며,
그럴 의무를 진다는 것이다."

책을 읽는다는 것은,
세심히 주의를 기울이는 일이다.
자기 생각을 보류하고
타자의 관점에 귀 기울이며
세계의 복잡성에 멈춰 서는 일이다.

그것은 곧,
윤리적 존재로서의 훈련이다.
읽기란 곧
주의(注意)의 철학이며, 타자의 학교다.

민주주의는 책을 읽는 시민을 필요로 한다

주의가 분산되고,
사유가 사라지고,
질문이 없어지는 사회에서
민주주의는 무력해진다.

이 책은 말한다.
'양손잡이 읽기',
인쇄 기반과 디지털 기반을 모두 넘나드는,
유연하고 깊이 있는 읽기 기술이 필요하다.
그러나 결국, 그 모든 길은 다시
'책'으로 회귀해야 한다.

책을 읽고
글을 쓰고
함께 질문을 나누는 것.
그것이 가장 깊은 교육이며,
가장 오래가는 윤리이며,
가장 위험한 시대를 살아내는
마지막 기술이다.

책을 읽는다는 것은
타자에 대한 감응을 배우는 일이며
침묵 속에서 나의 목소리를 찾아가는 여정이다.

우리는 속도로서의 세계에 중독되어
깊이의 언어를 잃어버렸다.
그러나 지금,
우리의 뇌는 다시 책을 원한다.

다시, 책으로.
그 말은 단지 복고적 구호가 아니라
우리 뇌의 구조적 요구이며
인류라는 종의 마지막 윤리일지도 모른다.

서른네 번째 감응

잊힌 감정의 정치, 정순철이라는 이름을 다시 부르며

도종환, 『어린이를 노래하다』

우리는 누구의 이름을 기억하고, 누구의 노래를 지우는가

예전엔 졸업식이 다가오면 교실엔 '졸업식 노래'가 울려 퍼졌다.
그 노래를 부르며 눈시울을 붉히던 아이들.
그러나 정작 그 노래를 만든 사람의 이름은 알지 못했다.
정순철.
그는 그렇게 한 세기 동안 노래는 남고,
이름은 지워진 사람이었다.

우리는 늘 누구를 기억하고, 누구를 망각할지 선택한다.

그리고 그 선택은 종종, 너무도 정치적이다.

정순철, 천도교의 후손으로 태어난 동요작곡가

그는 해월 최시형의 외손자였다.
그의 어머니는 '용담할머니'로 불리던 수도자였고,
그의 스승은 방정환이었다.
그는 노래를 통해
어린이의 천부적 존엄을 믿는 예술가였고,
민족의 정서를 노래로 구성한 문화운동가였다.

그가 만든 동요는 59곡.
그 중에는 우리가 지금도 부르는 노래들이 있다.
그러나 그 노래에 담긴 사상과 저항과 눈물과 연대는
지금 어디에도 남아있지 않다.

노래는 저항이었다, 어린이는 민족이었다

1920년대, 정순철은 동요를 만들었다.

그의 곡에는 멜로디만이 아닌
식민지 조선의 슬픔과 꿈, 공동체에 대한 갈망이 담겨 있었다.

그는 천도교의 '인내천' 사상을 바탕으로
어린이를 작은 어른이 아닌
하늘 같은 존재로 여겼다.
그의 노래는 가르치기 위한 것이 아니라
함께 살아가기 위한 감정의 연습장이었다.

그에게 노래는 정치였고,
정치 이전에 윤리였다.

정순철, 망각된 이름이 되다

해방 이후,
기독교가 주도하는 교육문화 속에서
천도교는 주변화 되었고
그 중심에 있었던 정순철도 사라졌다.

1950년 그는 납북되었고,

그의 이름은 '위험한 기억'으로 분류되었다.
'한국의 베토벤'이라 불리던 그가
국가서사에선 존재하지 않는 인물이 되었다.

우리는 기억하지 않기로 결정된 이들을
얼마나 많이 잊어왔는가.

이 평전은 복권이며, 감응이다

도종환이 쓴 『어린이를 노래하다』는
정순철을 단지 역사로 복원하지 않는다.
이 책은
한 예술가의 삶을 통해
우리의 망각이 어떻게 구성되었는지를 묻는다.

그는 늘 교단에 있었고, 아이들과 함께 노래했다.
그러나 그의 예술은
식민지 현실을 뚫고 나아가려 했던
감정의 정치적 실천이었다.

노래는 기억의 기초다.
그의 노래를 되찾는 일은
그래서 우리가 지워버린 감정을 되살리는 일이다.

정순철의 노래는 여전히 우리 안에 남아 있지만
그 노래를 지은 이의 사상과 감정과 윤리는
너무 오랫동안 침묵 속에 갇혀 있었다.

『어린이를 노래하다』는
그 침묵을 깨는 조용한 울림이다.
기억의 정치에 저항하는
노래의 방식으로,
예술의 방식으로.

이제 우리도 따라 부르자.
잊힌 노래를,
지워진 이름을.
다시, 정순철을 노래하자.

서른다섯 번째 감응

우리는 왜 다시 바다를 생각해야 하는가

김태만, 『해양 인문학』

바다는 늘 거기 있었지만, 우리는 너무 오래 육지를 생각해왔다

부산에서 오래도록 살았다.

하지만 나는 바다를 몰랐다.

그것은 풍경이었고, 관광이었으며, 가끔은 위험이었다.

그것은 늘 거기 있었지만

나는 그것을 존재로 인식하지 못했다.

『해양 인문학』을 읽는 일은

그 무지의 벽을 넘어 바다를 다시 사유하는 일이었다.

"왜 우리는 바다를 잊고 살았는가?"

그 질문은 곧,
"왜 우리는 땅 위의 질서에만 익숙해졌는가?"
하는 더 근본적인 질문으로 확장되었다.

육지의 언어를 넘어서는 사유, 해양적 감각의 회복

저자 김태만이 말하는 해양인문학은
단지 바다에 대한 지식이 아니다.
그것은 새로운 세계를 여는 감각의 전환이며
문명을 다시 짓는 인식의 재배치다.

땅은 고정된 것을 사랑하고
질서를 강요하며, 폐쇄와 규율을 전제한다.
그러나 바다는
흐르고, 열리고, 교차하며,
늘 새로운 물길을 연다.

'바다의 방식'은 삶의 방식이자 사유의 윤리다.

이 책이 열어주는 문은 그래서
지식이 아니라 감각의 문이다.

해양은 문명교류의 고속도로였다

이 책은 말한다.
인류의 문명은 강에서 시작했고,
역사는 바다에서 열렸다고.
우리는 해양이 문명의 뒷 배경이 아니라
그 자체로 문명의 장본인이었음을 잊고 살아왔다.
"항구는 대륙의 끝이자 대양의 시작이다."
부산은 바로 그런 문명의 관절에 서 있다.
흐름과 만남, 충돌과 생성,
그 모든 것이 교차하는 접속점으로서의 항구이다.

그래서,
우리가 서 있는 이 도시의 해안선은
그 자체로 하나의 문명적 텍스트다.

바다는 풍경이 아니라 존재다

2024년 가을, 부산인문연대 컨퍼런스에서
저자는 해양박물관의 열악한 예산 문제를 토로했다.
나는 그 순간에도
"예산이 아니라 인식이 문제"아닌가 했었던,
기억과 그 기억 속의 기묘한 통찰과 슬픔이 동시에 떠올랐다.

우리는 왜 바다를 '경제'로만, '위기'로만 말하는가.
그것은 자원 이전에 기억이고 문화이고 존재인데.
해양은 우리의 뿌리이며
지금 이 순간의 숨결이며
미래 문을 여는 열쇠인데.

해양성의 윤리 — 유동과 혼종의 사유를 위하여

이 책은 육지적 질서의 한계에 맞서
해양성이 지닌 가치를 강조한다.
유동성, 포용성, 혼종성, 접속성.
이것은 단지 바다의 물성을 설명하는 단어가 아니라

다른 삶의 원리를 상상하기 위한 인문학적 감각들이다.

그 감각이 지금 우리에게 필요한 이유는 분명하다.
지구의 위기, 생태의 절망, 인간성의 상처.
이 모든 것들이
'고착된 사유'에서 비롯되었기 때문이다.

바다를 중심으로 다시 생각한다는 것은
곧 공생의 가능성,
경계 없는 감응의 정치를 상상하는 일이다.

부산, 다시 항구도시로 사유되다

저자 김태만은 부산을 '복합 해양도시'로
재구성할 것을 제안한다.
단지 도시개발의 문제가 아니라
도시가 자신의 정체성을 어떻게 기억하느냐의 문제다.
북항은 이제 개발이 아니라
감각의 재건이어야 한다.
디자인, 제도, 자본, 철학.

그 모든 것을 아우르는 건 결국 시민의 감응력이다.

우리는 이 도시에 살면서,
이 도시를 어떻게 감각하고 있는가.

『해양 인문학』은
해양을 기억하고 바다를 감응하며
육지를 넘어 새로운 인문학을 열고자 하는 시도다.

이 책을 덮을 즈음 나는
더 이상 바다를 풍경으로만 볼 수 없게 되었다.
그것은 불안한 세계를 향한 유동의 길이자
우리가 다시 연결될 수 있는 감응의 시작점이었다.

그리고 우리는 지금,
다시 바다로 향해야 할 때다.
새로운 윤리와 문명을 위해.

서른여섯 번째 감응

절실한 고독, 완전한 사랑
— 이어령의 마지막 문장

이어령, 『지성에서 영성으로』

지성의 마지막 문장에 도달했을 때, 그는 울었다

이어령은 '말하는' 사람이었다.
책으로 세상을 설계하고,
말로 시대를 유영했던 사람.
그가 말을 멈추기 시작했을 때,
우리는 한 시대의 종언을 예감했다.

2022년 겨울, 고석규비평문학관 설립자 남송우와의 통화에서
마지막 힘을 내어 떨리는 목소리로 말했다.

"말은 늦게 도착하죠."
그리고 그는 떠났다.
겨우 18일 뒤,
그는 자신의 마지막 문장을 끝냈다.

그는 '지성'이었으나, 생의 끝에서 '영성'을 말했다

『지성에서 영성으로』는
이성과 합리성으로 무장했던 한 사람이
마침내 신 앞에 무릎을 꿇기까지의 내밀한 순례다.

세례를 받은 날, 이어령은 74세였다.
지성은 단단한 갑옷이었다.
하지만 딸의 고통 앞에서 그는
어떤 이론도, 논리도, 체계도
자신을 지켜주지 못함을 깨달았다.

그는 고백한다.
"나는 이제야 비로소 '기도'라는 언어를 알게 되었습니다."
말의 사람에게,

말이 아닌 것을 구하는 일은
절박한 전환이었다.

딸의 죽음은 그에겐 신학의 시작이었다

2012년, 딸 이민아 목사는
아버지를 먼저 떠났다.
병든 딸을 바라보는 아버지의 눈에는
세계의 지식도 문명의 진보도
아무런 위로가 되지 못했다.
그는 말한다.
"나는 딸의 죽음을 통해 살아 있는 하나님을 보았다."
이 문장은 철학이 아니라 체험이었다.
죽음을 통과한 사랑만이 말할 수 있는 언어.

영성은 기도의 이름으로 다가온다

『지성에서 영성으로』는
자신의 신념을 해체하며

낯선 길을 걸어간 늙은 지성의 기록이다.

그가 떠나기 전 남긴 시의 한 줄.

"당신을 부르기 전에는
아무 소리도 들리지 않았습니다."

그는 처음으로 영성에 기대어
귀 기울이는 법을 배웠다.
누군가의 목소리를,
자신의 눈물을,
말 없이 건네는 손길을 느끼면서.

이어령의 영성은 책임이었다

그는 단지 신을 믿은 것이 아니라
자신이 신을 믿는다는 사실에 책임을 졌다.

그는
이성과 계몽의 사도로만 머무르지 않았다.

딸의 기도 위에,
자신의 믿음을 놓고,
세상을 껴안는 방식으로 '지성'을 갱신했다.

영성은 그에게
종교가 아닌 다른 인간학,
다른 삶의 윤리였다.

그가 남긴 마지막 유산은 말이 아닌, 눈물이었다

그는 이제 더 이상
말로 싸우지 않았다.
지식으로 무장하지도 않았다.
이제 그는 눈물로 말하고, 침묵으로 응답했다.
그의 마지막 말은,
"그냥 당신의 야윈 손을 잡고
내 몇 방울의 차가운 눈물을 뿌리게 하소서."

그는 더 이상 증명하지 않았다.
그는 드디어, 감응했다.

『지성에서 영성으로』는
지성의 무게를 안고 살아온 모든 이들에게
어느 날 불현듯 다가오는 '눈물의 감응'을 이야기한다.

그는 전도된 사람이 아니었다.
응답한 사람이었다.
침묵 속에 다가온 존재의 손길에
두려움과 사랑으로 고개를 숙인 사람.

이제 그는 시대의 지성이 아니라
영혼의 순례자로 기억될 것이다.

숲 5 Forest 5
유리, 칠보, 구리 glass, enameling, copper
300×300×50, 155×155×25 mm, 2010

에필로그

응답 이후, 또 다른 문장을 향하여

　이 책의 글들은 한 권의 책에서 시작되었지만 언제나 그 너머로 향하고 있었다. 어떤 책은 말해지지 않은 존재를 불러냈고, 어떤 책은 침묵으로 덮인 시대의 상흔을 다시 쓰게 했다. 감응의 글쓰기는 그때마다 내게 질문을 던졌다. "이 고통 앞에서 너는 어떻게 존재할 것인가?"

　『이순신, 하나가 되어 죽을 힘을 다해 싸웠습니다』를 읽으며 나는 '용기'라는 단어가 얼마나 낡고 공허하게 들리는지를 깨달았다. 하지만 책 속에서 만난 이순신의 문장은 결코 영웅을 향한 찬사가 아니었다. 그것은 두려움 속에서도 침몰하지 않기 위해 끝까지 버텨야 했던 한 사람의 떨림이었다. 나는 그 떨림에 응답하고 싶었다.

『가족 각본』에선, 사랑이라는 이름으로 반복된 침묵과 학대의 구조에 직면했다. 글을 쓰는 동안 나는 쉼없이 멈추기를 반복했다. "정말 이 말을 써도 괜찮을까?" 가족이라는 제도 안에서 말해지지 못한 존재들의 침묵 앞에, 나는 내 언어가 너무 단단하거나 혹은 무디어질까 두려웠다. 나와 내 가족의 상처를 뒤로 한 채, 조금 더 조심스럽게, 그리고 조금 더 느리게 글을 써야 했다.

『우리는 지구를 떠나지 않는다』를 통해선, '지구'를 말하는 대신 '살아 있는 감각'을 말하고 싶었다. 이 책은 생명의 언어가 어떻게 감정으로 조직되는지를 보여주었다. 나는 그 언어의 곁에서 스스로의 위치를 되묻길 반복했다. 감응의 글쓰기는 환경, 정치, 기억, 관계라는 단어를 내 삶의 온도로 다시 읽게 만드는 방식이었다.

책을 읽고 썼던, 비평이라고 하긴 함량미달의 글들이 누군가의 고통에 대한 늦은 응답이 되어 돌아왔다. 그래서 나는 이 책 전체를 하나의 감정 지도이자 응답의 기록이라 부르고 싶다. 글마다 새겨진 감정의 결은 다르고 호출된 목소리의 진동도 제각각이지만 그것들이 모여 형성한 지형은 분명히 있다. 그것은 말보다 앞서 도착한 감정의 자취이고, 동시에 말로는 끝내 다 닿을 수 없는 타자와의 거리이기도 하다.

이제 이 책은 나의 손을 벗어난다. 그리고 당신의 응답을 기다리고 있다. 어쩌면 이 서른여섯 편의 글 중 한 문장이 당신에게 닿았을지도 모르겠다. 만약 그렇다면, 그 떨림은 이제 당신의 문장이 될 것이다.

비평과 감응 사이
— 실천적 글쓰기를 위한 제언

"글쓰기는 텍스트를 해석하는 동시에
타자의 떨림을 응답으로 되새기는 존재론적 여정이다."

글을 쓴다는 것은 단지 문장 몇 줄을 엮어 내는 기술이 아니다. 그것은 나와 타자, 그리고 사회가 서로 맞부딪히는 '현장(場)'으로 스며드는 일련의 선택이자 태도다. 이 글에서는 전통적인 비평과 감응적 글쓰기 사이의 간극을 이해하고, 그 경계 위에서 실천적 글쓰기를 어떻게 구성할 것인지를 모색해보고자 한다.

우리는 먼저 비평과 감응이 지닌 각자의 풍경을 살펴보고, 두 지평이 교차할 때 비로소 가능한 '실천적 글쓰기'의 지형을 조금씩 조명해나갈 것이다.

1. 비평의 자리, 해석의 근육

전통적인 비평은 텍스트를 분석하고 해체하는 '이론적 근육'을 발달시켜 왔다. 작가가 남긴 문장 하나하나를 짚어내고, 그 안에 내장된 구조적·이데올로기적 함의를 드러내는 것이 비평의 일차적 목적이다. 문학 텍스트 안에서 등장인물의 심리 구조를 해석하거나, 사회적 맥락 속에서 문학적 상징이 어떻게 작동하는지를 짚어내는 과정은 모두 비평이 가진 고유한 장점이다.

1.1. 논리적 엄밀성과 이론적 깊이

비평은 이야기의 '왜'와 '어떻게'를 묻는다. 왜 작가가 이런 형식을 선택했을까? 이 문장이 뿌리내린 문화적 배경은 무엇인가? 이는 때때로 냉철한 시선을 필요로 한다. 철학자 알랭 바디우(Alain Badiou), 슬라보예 지젝(Slavoj Žižek)은 텍스트가 놓인 이데올로기적 맥락을 해부함으로써 독자에게 새로운 사유 틀을 제시하기도 한다. 이러한 분석 역량은 비평의 무기가 되어 단순히 읽고 느끼는 수준을 넘어 텍스트를 둘러싼 구조적 모순을 드러낸다.

1. 2. 객관성이라는 외피와 공적 권위

비평가는 인용, 근거 자료, 이론적 틀을 동원하여 자신의 해석이 '개인적 취향'이 아님을 증명한다. 이러한 절차는 학술 담론장 안에서 비평에 공적 권위를 부여한다. "이 작품이 가지는 사회적 의미는 무엇인가?"라는 물음을 던졌을 때, 비평가는 기존 연구나 문헌을 참고해 논리에 힘을 부여한다. 공적 권위는 인문·사회과학 담론을 주도하는 원동력으로 작용해 사회 전반에 걸친 학술 담론을 확산해나간다.

그러나 비평에도 그림자가 드리워진다. 지나치게 이론적·형식적 분석에 집중하다 보면 텍스트 속에 담긴 '살아 있는 떨림', 즉 실제적인 타자의 고통이나 연약함이 비가시화되는 경우가 생긴다. 독자는 작품속의 그들에게 공명되고 현실에서 고통받는 그들과 '함께 떨린다'기 보다 그 사건을 기호화된 텍스트로만 바라보게 된다는 지적은 그래서 사소하지 않다.

2. 감응의 기운, 타자와의 호흡

감응적 글쓰기는 이러한 비평의 계보 위에서 '이론 중심 해석'을 넘어선다. 타자의 떨림이 내 몸으로 어떻게 전이되는지를 직접 탐구하며 그 감정적 파문을 언어로 호출하려는 시도이기 때문이다.

2. 1. 타자의 얼굴에서 발생하는 윤리적 충격

레비나스(Emmanuel Levinas)는 타자의 얼굴을 마주하는 순간 우리가 '응답하라'는 무조건적 요구에 직면한다고 했다. 이는 타자를 이해하려는 지적 노력을 떠나 '그의 고통 앞에서 내가 어떻게 떨려야 하는지'를 묻는 윤리적 자극이다(Levinas, 1969). 감응적 글쓰기는 바로 이 자리에서 출발한다. 텍스트 속 기록된 사건이 아니라 텍스트 너편의 '살아 있는 고통'을 언어화하려는 것이다.

2. 2. 감정정치 속에서 감응의 자리 찾기

살라 아메드(Sara Ahmed)는 감정이 개인의 내면에만 머무르지 않으며, 사회적 경로를 따라 이동하면서 공동체적 정체성·규범을 만드는 힘임을 강조했다(Ahmed, 2004). 다시 말해, 감정은 정치다. 감응적 글쓰기는 이 정치적 차원을 곱씹어 글 안에 '어떤 감정'을 배치할 것인지를 고민한다. 기후 위기에 대한 글쓰기를 예로 든다면, "지구 온난화가 진행 중이다"라는 사실만 나열하는 대신 "마지막 빙하가 무너지는 어둠 속 소리가 귓가에 메아리치지 않는가"와 같은 이미지로 독자를 감정적으로 소환한다. 이때 독자는 단순히 정보를 수용하는 것이 아니라 '그 감정을 함께 체험하는 주체'가 된다.

그러나 감응이 가진 힘에는 유의해야 할 한계도 있다. 지나치게 감정적 호소만을 강조하면 독자는 자신의 경험과 동떨어진 감정 코드일 경우 공감에 실패할 수 있다. 자신들이 그 고통을 느끼지 못하면, 글은 단순히 '감성 자극용 과장된 문장'으로 치부될 수 있다. 이는 오히려 감정적 파문을 더 깊이 전달하기 어렵게 만든다. 동시에 이론적 근거가 빈약해지면 글의 학술적 무게도 가벼워진다.

3. 비평과 감응의 공명 : '실천적 글쓰기'의 서막

전통적 비평이 해석이라는 망원경이라면 감응적 글쓰기는 현장이라는 원격 촉감 센서에 가깝다. 망원경으로만 멀리 바라봐서는 타자의 온기를 결코 느낄 수 없다. 반대로 촉감 센서만으로는 텍스트의 복합적 구조와 이면에 도사린 이데올로기를 포착하기 어렵다. 두 시선이 만나는 지점, 바로 그 모서리에서 실천적 글쓰기가 싹트기 시작한다.

3. 1. 이론과 감정의 상보적 배치

"내가 이 문장을 이렇게 해석했더니 사회구조적 맥락이 드러난다. 동시에 이 텍스트 속 누군가의 눈물 소리가 내 안에 맴돌았다." 이러한 식의 진술은 이론적 분석과 감정적 공감을 나란히 놓는 모범적인 시도다. 예컨대 젠더 폭력을 다루는 텍스트를 비평적으로 분석한 뒤 곧바로 피해 여성의 단편적 목소리를 텍스트에 삽입해 독자에게 '감응적 파문'을 일으키는 따위도 그런 시도 중의 하나이다. 이때 독자는 이론과 감정 두 축을 오가며 텍스트에 몰입하게 된다.

〈예시〉

1. "이 장면은 가부장제의 억압적 기제가 어떻게 여성의 타자를 구성하는지를 명징하게 보여준다." (이론적 비평)
2. "'나는 아무도 보지 못한 채, 단 한 번도 입을 떼지 못했다.' 그녀의 침묵은 곧 '잃어버린 목소리'였다." (감응적 인용)

이처럼 두 영역이 교차할 때, 독자는 단순한 '해석의 대상'을 넘어 '응답의 주체'로 전환된다.

3. 2. 언어 선택의 윤리적 숙고

실천적 글쓰기는 언어 하나하나에 윤리적 책임을 부과한다. 타자를 '피해자'라 칭하면서 그들을 수동적 객체로만 환원하지 않는다. 대신 "상흔을 가슴에 품고도 씩씩히 걸어가는 목소리" 또는 "한때 빛났으나 지금은 퇴색된 이름"과 같이 주체화된 언어를 고민한다.

⟨예시⟩

피해자 → "상흔을 어깨에 지닌 이들"

소외된 자 → "말을 잃은 채 내밀한 떨림을 안고 있는 사람"

이러한 표현은 단순히 미사여구가 아니다. 글쓴이가 독자에게 전달하고자 하는 윤리적 감수성을 은유적·이미지적 언어로 옮겨 읽는 이로 하여금 문장 너머에 놓인 '살아 있는 존재'와 동등한 호흡을 나누도록 돕는다.

3.3. 독자를 향한 구체적 제안과 실천 독려

학술지 논문처럼 단순히 문제 제기에 그치는 대신, 글 속에 '독자가 지금 당장 할 수 있는 실천적 방안'을 언급한다.

⟨예시⟩

1. 현장 기록 모임 참여 : "당신이 사는 지역에서 작은 글쓰기 모임을 시작해보라. 소외된 이웃의 목소리를 기록하고, 이를 커뮤니티 게시판이나 SNS를 통해 공유해보라."

2. 학술·활동 연계 : "젠더 폭력을 다룬 비평적 글을 읽은 뒤, 해당 분야 활동가가 주최하는 워크숍에 참가하라. 글쓰기와 현장 활동을 연결함으로써 텍스트가 살아 있는 영향력으로 확장될 수 있다."

이러한 제안은 글을 읽는 순간 '사유'에서 멈추지 않고 '행동'으로 이어지도록 돕는다.

독자는 더 이상 수동적 비평자가 아니라 글이 만든 감정적·이론적 공명에 따라 움직이는 '행동하는 주체'가 된다.

4. 에필로그 : 경계를 넘어 새롭게 읽기

비평과 감응 사이에는 넘어야 할 작은 언덕이 놓여 있다. 이 언덕을 오르내리며 우리는 텍스트를 분석하고, 타자의 떨림을 느끼고, 다시 이론적 사유로 돌아와야 한다. 결국 글쓰기는 그 모든 과정을 촘촘히 엮어내는 '존재론적 걷기'다. 실천적 글쓰기는 단지 텍스트를 비판하거나 감정적으로 반응하는 것을 넘어, 비평의 분석적 근육과 감응의 온기와 함께 삶의 현장에서 의미 있는 변화를 촉발하는 지평을 꿈꾼다.

비평과 감응의 경계를 넘나들 때, 우리는 비로소 텍스트 너머 숨은 타자의 목소리를 마주하고 그 울림이 삶의 장 안에서 부딪혀 새로운 경로를 열어갈 수 있다. 그것이 곧 실천적 글쓰기의 시작이다. 언젠가 짧은 글 한 줄이 '당신과 나, 그리고 우리'를 포괄하는 공동체로 수렴되는 어떤 특별한 경험이 실천적 글쓰기의 정수이다.

서평으로 만나는 감응의 기록
말은 때로 너무 늦게 도착한다

초판 1쇄 발행 2025년 8월 30일

지은이 • 이진서
기획 • 문장의 정원
펴낸이 • 장지숙
펴낸곳 • 도서출판 글넝쿨
등록 • 2020년 2월 14일(2020-000005)
주소 • 부산광역시 수영구 수영로 582번길 50
전화 • 051. 758. 3487
블로그 • https://blog.naver.com/sentencegarden

ISBN 979-11-972743-7-4 (03800)

*이 책의 저작권은 저자와 도서출판 글넝쿨에 있습니다.
 서면동의 없는 내용의 무단전제와 복제를 금합니다.
*잘못된 책은 구입하신 곳에서 교환해 드립니다.
*책값은 뒤표지에 있습니다.